小さな平屋。

自然を感じる、すこやかな暮らし

はじめに

「足るを知る」。

モノにあふれる暮らしに息苦しさを感じる今だからこそ、
シンプルでベーシックな平屋が輝きを増して見えます。
無駄がなく、すべてに目と手が行き届くことの気持ちよさ。
本当に好きなもの、大切なものだけを選んでもつ、
慎ましく始末のいい暮らしに、平屋はフィットします。

「自然を感じる」。

地面に近い目線で庭の緑に親しみ、
豊かな四季の変化を敏感に受け取る。
家と庭を自在に行ったり来たりして
暮らしの空間を外にまで広げる。
そんな暮らし方を平屋は可能にしてくれます。

「家族とつながる」。

階で分断されない小さな平屋では、

家族の気配を感じやすい。
親のぬくもりを感じながら子どもが育つ環境としても、
老いても安心して住み続けられる住処としても、
平屋には世代を超えた価値があります。

「基本に還る」。

平屋が懐かしい原風景として感じられるのは、
それが家の原型だからでしょうか。
平屋は日本で長い間、住まわれてきた家のかたち。
住宅のつくり方が格段に進歩した今の時代だからこそ、
その長所に新たな角度から光を当てられるようになりました。

住まいに華美であることを求めず、
そこで過ごす時間からより深い充足を得たいと望む――
そんな人々が暮らす、13軒の平屋の事例をお届けします。
あなたが理想とする住まいのイメージを、見出せることを願って。

小さな平屋。

自然を感じる、すこやかな暮らし

contents

1

2

3

4

5

6

7

8

9

10

11

12

13

小さな平屋。
自然を感じる、すこやかな暮らし

contents

写真／雨宮秀也
取材・文／松川絵里
デザイン／藤田康平（Barber）
DTP／白井裕美子
間取りイラスト／ハマモトヒロキ
編集／別府美絹（エクスナレッジ）

CASE NO. 1

雄大な自然を ぜいたくに切り取り 刻々と変化するさまを 心静かに味わう

東には遠景の山、西には近景の山。
安曇野であっても、これほどロケーションに恵まれた宅地は少なく、
2年間土地を探し続けた有路夫妻がつかんだ幸運だ。
畑地にぽんと置かれた白いシンプルな箱の中では、
繊細な感覚で操作された窓が、2つの異なる山の顔を切り取る。

広い空に、夜は「黒い紙に粉砂糖をこぼしたかのような」星が見えるそう。冬は畑の作物が刈り取られ、雪が積もると一面真っ白な景色に白い住まいが溶けこむ。

リビングの西面窓には北アルプスの景色が絵のように展開する。窓を天井いっぱいまで開けなかったのは「部屋に落ち着きを与えるため」（八島さん）。電柱が見えないようにするなど、コントロールされている。

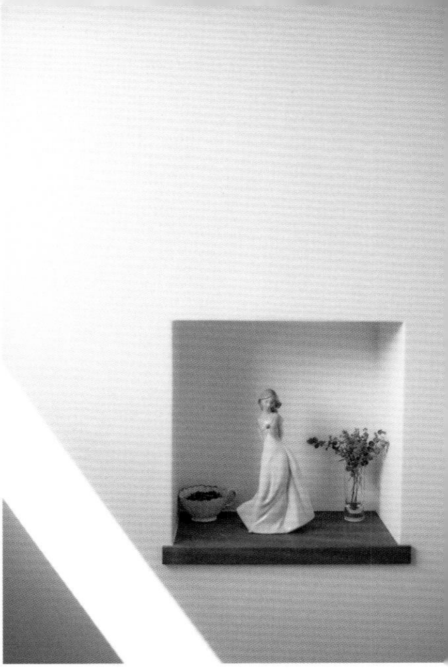

右／玄関正面の壁や廊下の突き当りなど、視線がぶつかるところにはニッチを設けて。結婚祝いに夫の母から贈られた磁器の人形を、森の香りがするポプリとともに飾った。左／奥行きの浅いニッチには小さな香水瓶やグリーンを置いて。デザインを学んだ妻のセンスがそこここで発揮される。

右／玄関からリビングへは、2回右に曲がってやや長い廊下を歩く。「住み始めた頃は、廊下の先に広がる空間を感じながら歩くとワクワクしました」（妻）左／夫はゆったりした玄関もお気に入り。たたきには国代耐火工業所の「粗削タイル」を目地なしで敷き詰めた。色味はおとなしいが、ザラリとした風合いがスパイスのように利いている。

玄関の小窓に切り取られた山並み。味わいのある丸椅子は、夫が勤務先の大学で捨てられていた壊れかけのものをもらい受けた。グラグラで座れないが猫の版画を飾る台にぴったりだ。

「キッチンに立ったときに見えるリビングの風景がいいなあと思います」と妻。鑑賞するような気持ちで自分の家の好きな場所を眺めるのは楽しいものだ。横長の開口部なので、リビングからキッチン内はあまり見えない。

タイルや人工大理石のカウンター天板を白で統一したキッチン。家電類や調理器具も白やステンレスでまとめられていて、ごちゃごちゃしがちなキッチンも整然と見える。

右／寝室は障子の桟も白くしてリビングと趣を変えた。カーペットの色は悩んだ末、ブルーグレーに。「グレーの家具との相性が良くて、うまくいったと思います」（妻）左／洗面室の窓は真東に向いているので、朝は眩しいほど日が差し込む。白い室内で窓の木枠がアクセントに。

CASE NO. **1**

有路さんの平屋

敷地面積：432.67㎡　竣工：2014年

延床面積：133.26㎡

家族構成：夫婦＋母

設計：八島建築設計事務所

施工：滝澤工務店

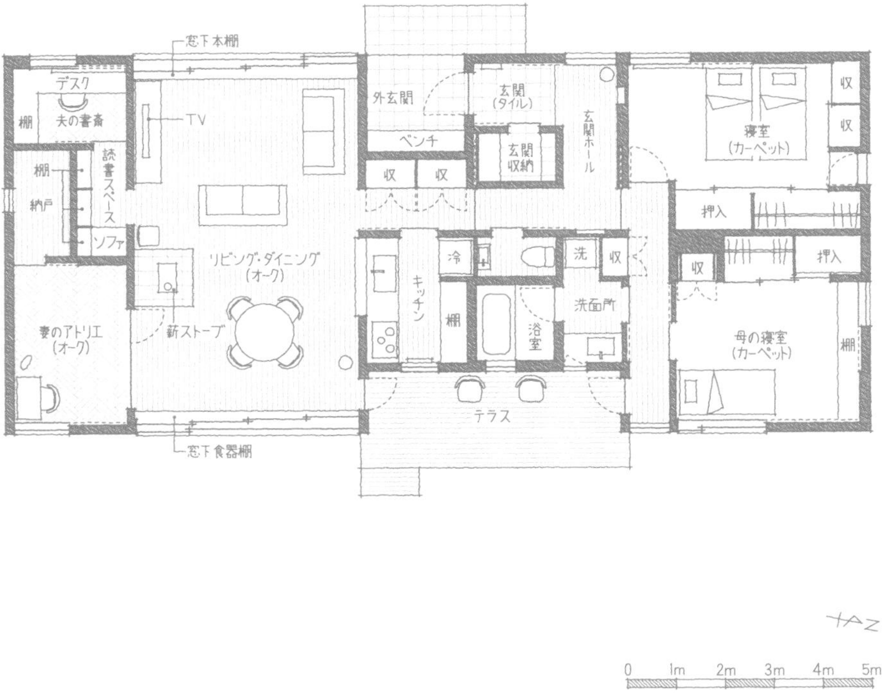

鳥の声、雲の動き
空気の流れ――
小さな変化を楽しむ

「朝は、窓を開けて空気を通すことから始まります」と妻の麻衣子さん。窓からサーッと爽やかな空気がなだれ込む様子を想像すると思わずため息が出るが、それは有路夫妻にとっては当たり前の日常なのだ。

「遊びに来たお客様は、窓の前に立ったまましばらく動かないんです。それで、景色のいい家に住んでいることを思い出します」。

麻衣子さんは服飾デザイナー、夫の憲一さんは脳科学者という、まったく縁遠い分野を仕事にしている二人が友人を通して知り合い、結婚したのは13年前。「専門はノウカガクだと聞いて、だいぶ長い間〝農家〟学だと思っていたんです」という麻衣子さん。家で仕事の話はほとんどしないという二人は、共通する穏やかな雰囲気をまとっている。憲一さんが長野の大学に勤めることになり、麻衣子さんは勤めを辞めて東京を引き払い、数年間松本市内のアパートで暮らしていたが、長野に腰を落ち着けるために憲一さんの母と同居できる家を建てることにした。

土地探しにかけた時間は2年。ここは、息抜きにと安曇野に遊びに来た際にたまたま通りかかり、「売地」の看板が目に止まったのが縁となった。東西両面に建物がなく景色が開けるロケーショ

読書スペースには以前イタリアに行ったときに買った雑貨を飾って。「気が向くとちょこちょこと装飾品の位置を変えて、プチ模様替えを楽しんでいます」（妻）

ンは他では得難いと、すぐに不動産会社に連絡をとった。

設計の依頼を受けたのは、八島正年さん・夕子さん。この恵まれた環境に、小躍りするどころか難しさを感じたという。「最初にここを見に来たときは、条件が良すぎると感じて戸惑いました。実は住宅の設計って、制約が多い方が解きやすいんですよ」と八島さん。「東側の遠景の山と、西側の近景の山とは、まったく雰囲気が違っていたのが印象的でした。これは両方を楽しめるようにしよう、ということだけを決めて帰りました」。

八島さんは後日、念のため2階建ての案も用意したが、夫妻は迷いなく平屋案を選んだという。「育ったのは2階建ての家なのに、小さいころ家の絵を描くとなぜか平屋でした。きっと家の原型だからですね。それに、有名建築でも、良いなと思う家は平屋が多い。北欧のデザイナー、フィン・ユールの自邸も、たしか平屋ですね」と憲一さん。リビングに設けられた書棚には建築の本や住宅の雑誌が並び、当時の研究熱が伝わってくる。

間取りは、南北に長い長方形の両端に、パブリックとプライベートの2つのボリュームを配し、中央の玄関と水まわりでつなぐ構成。玄関からくるりと回り込み、長めの廊下を奥へと進むとリビング・ダイニングが開ける。左右の窓には絵のように切り取られた山と空。物語性に満ちた展開が訪問者の心をわしづかみにする。

リビング・ダイニングの天井は、緩やかな片流れ。遠景へと続

右／アトリエのフローリングは、妻の希望でオーク材のヘリンボーン張りに。リビングの床もオークだが、張り方ひとつでだいぶ表情が変わる。左／リビング・ダイニングの天井はラワン縁甲板にオイル塗装。

く東側の天井が低く、天井に達する窓は横長にして絞り込む。奥行きのある窓台を設けたのは、額縁効果を意識してのこと。他方、西側は東側より1ｍほど天井が高く、窓の縦寸法も長い。迫る山を見上げるのにちょうどいいワイドな切り取り方だ。しかし天井まで達することなく垂れ壁で抑えられている。開放的過ぎても落ち着かなくなるという。「緩やかな屋根勾配は、西の山に向かって傾斜する地形にリンクさせています。東と西の風景をつなぐために、できるだけ土地に馴染むプロポーション（建物の姿を構成する比例）のシンプルな建物にしました」（八島さん）。

東側の農地は、毎夏とうもろこし畑として使われる。とうもろこしは梅雨を過ぎると一気に丈を増して3〜4ｍにもなり、畑の向こうの交通量の多い道路や自動販売機といった世俗的な景色をすっぽり覆い隠してくれる。そうなると、遠くの山並みや空とダイレクトにつながれ、テラスのプライベート感も高まるので、本を片手にビールを飲んだり、鳥たちや、立ち昇る積乱雲を眺めて過ごす。日が傾き、刻々と色を変える空を見届けると、控えめに計画された照明のスイッチに手を伸ばす。「とうもろこしがないときは、畑の向こうの道から窓の灯かりがいい感じに見えるらしいんです。知り合いからそう教えられて、暗くなってからもしばらく障子を開けておくのが習慣になりました」と麻衣子さん。山の稜線はいつしか空に溶け、夕餉の時間が近づいた。

窓台の下は奥行きの浅い扉付きの棚になっている。「ここを開けると、遊びに来た人は『壁だと思ってた』と驚くんですよ（笑）」と妻。八島さんによると、窓台に奥行きをもたせることで見た目の安定感が出るそう。収納も増やせて一石二鳥。

アーチの向こうは読書コーナー。「アーチは『ここは特別な部屋』ということを匂わすワンポイント。でも気をつけないと可愛くなりすぎるので取り扱い注意なんです（笑）」（八島）

キッチン側の壁面は、上からエアコンを隠すガラリ戸、キッチンへの窓とカウンター、輻射熱暖房機のパネルがまとめられている。右のドアはテラスへの出入り口。下／ダイニング側の天井高さは2.1mと低く抑え、横長窓で遠景へと視線を集める。テーブル、チェア、ペンダント照明をウェグナーのデザインでそろえた。

アトリエの小窓から見るとうもろこし畑。サッシと障子の桟は白く塗装してまわりに溶けこませている。

右／リビングに隣接した読書コーナー。「家の中にちょっと隠れられる場所があるのは大事」と八島さん。造作した一人がけ用のソファの色は、ティファニーのブランドカラーをイメージして妻が選んだ。左／独立性の高い夫の書斎。仕事の研究資料は職場に置いてあるので、もっぱら読書など趣味の部屋として利用。

結婚前に服のデザイナーだった妻は、知人からオーダーを受けるとリビング横のアトリエにこもって制作する。建具のデザインやインテリアは、好みの店舗の写真などでイメージを伝えた。

右／深い軒に守られたテラス部分のみ、外壁をクリア塗装にして木地の色に。「とうもろこし畑に隔てられて、まわりから取り残されたような感じになるこの季節が好きなんです」（夫）。「ここでビールをプシュッとやるのが最高です（笑）」（妻）
左／緑の中で白い外壁が輝く、ごくシンプルな西側の外観。外壁はレッドシダー下見板張り。家の向こうには八ヶ岳や浅間山などの山並みを遠望できる。

CASE NO. 2

家具作家が自ら手をかけた家族の時間を慈しむ職住近接の家

家具作家として独立するために、作業場に隣接する家を建てた。
家具づくりのパートナーでもある妻と、2人の子。
いつも家族を感じられるコの字型の間取りには
自作家具を展示できるショールームも組み込んで。
自ら手がけた木のドアや窓、造作家具に囲まれて暮らす。

に隣接するショールームには、家具作
宏彦さんの作品を展示。家具の他にカッ
ボードやフレーム、小物入れなどの商品
ている。左のドアがリビングにつながる。

リビングの窓をすべて右側の壁の中の戸袋に引き込むと、中庭と一体空間に。室内～軒下のテラス～中庭とスムーズな連続感。軒先を薄く見せるデザインで見た目を軽やかに。

LDKの長手方向を柱なしで構造的に持たせるため、棟は鉄骨に。切妻屋根のかたちをそのまま現したラワン張りの天井を鉄骨ではぎ合わせたような見え方は、デザイン的な特徴にもなっている。

右／少しずつ買い集めた食器類。数が多いので、キッチンの収納は引き出し式にして取り出しやすく。左／雑然と見えがちな調理器具類や冷蔵庫は、表から見えないように目隠しの壁の内側に集めて。天井まで壁でふさがずに明るさや開放感を保ちつつ、コンロで発生する料理の匂いがリビングまで流れ出さないようにガラスの仕切りを入れている。

夫妻の美意識が行き渡る美しいキッチン。宏彦さんが無垢のサクラ材で造作した箱に、ステンレス製の天板を載せて機能的に。目地をグレーにしたサブウェイタイルや裸電球の照明器具にもこだわりが見える。

窓と一体になった壁面の棚は、建築家と家具作家、大工の見事なコラボレーションの果実。夫妻がデンマーク旅行で見かけたシステム家具のデザインが取り入れられている。フローリングは造作家具のサクラ材の赤みがかった色に合わせ、チークをセレクト。

ショールームの入り口はFIXガラスで開放し、内外の床と天井（軒裏）が同一面で連続する様子を見せることで境界を曖昧に。木製のドアは宏彦さんが制作。

上２点／注文を請けて制作するスタイルなのでショールームに並ぶ家具は少ないが、トレイやアクセサリーケースなどの小品制作も得意で、展示品を見ることができる。右／住まいの隣にある宏彦さんの工房。農機具や車を入れる倉庫だった場所を改装した。

CASE NO. 2

林内さんの平屋

敷地面積：278.70㎡　竣工：2015年

延床面積：117.18㎡

家族構成：夫婦＋子ども2人

設計：CO2WORKS

施工：友八工務店、HOFF&Co.

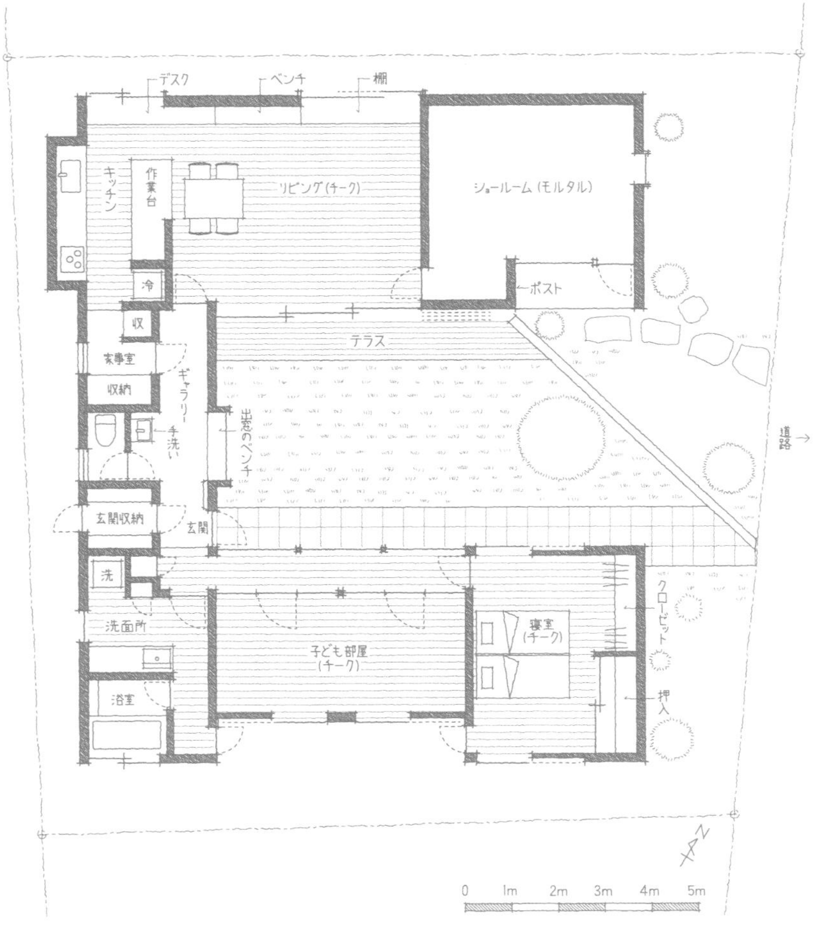

夕食が終わったら隣の家具工房でもうひと仕事

家具作家・林内宏彦さんの住まいは、上から見るとコの字の形をしている。北側の端が作品を展示するショールームで、道路側から中庭に向かって楔《くさび》のように打ち込まれたコンクリートの壁が、住居部分のプライバシーを守りつつショールームへと人を導く。

宏彦さんと妻の佑佳さんが出会ったのは、飛騨で家具職人を育成する職業訓練学校。結婚後もしばらく飛騨で職人として働きながら、独立を目指した。最初の子どもが生まれると、妻の実家の倉庫を作業場にして、隣にギャラリー付きの自宅を建てることに。職住が隣り合う生活がスタートしたのは4年ほど前のことだ。

建築家の中渡瀬拡司さんに、建具や造作家具は自分たちでつくりたいと申し出た。飛騨で置き家具づくりの職人として腕を磨いた2人だったが、こちらに移り住んでから独立までの3年間、宏彦さんは店舗の家具什器を制作する会社に勤めた。長い年月使用される個人向けの置き家具と違い、短いサイクルで消費されてしまう店舗の仕事は気持ちのすり減ることもあったが、建築とダイレクトに絡む造作家具づくりのノウハウや、ドアや窓などの建具づくりの技術を学べたことは、以前から建築に興味があった宏彦

2つの切妻屋根が並ぶ外観。ショールーム（右）と住まいへのアプローチ（左）の間に1枚のコンクリート壁を差し込み、通りから住まいへの視線を遮るとともにショールームへと誘導する。

さんにとって意義深かった。
実際宏彦さんが造作を手がけたのは、玄関を含むドア類、窓、キッチンとリビングのカウンターや造作収納など。「施主であるのをいいことに、現場で大工さんにいろいろ教えてもらいながらつくっていきました」。棚板の厚みを窓枠とそろえるなど、周到なつくり込みが室内に端然とした表情を与えている。家具はサクラ材と決めていたため、床は赤みがかった色に合うチーク材に。勾配天井に張ったラワン材もオイル塗装で深い色に仕上げた。「木の面積が多すぎるとうるさくなるので、違う素材もバランスよくあるのがいいですね。中渡瀬さんが白壁やモルタル、タイルのある空間を提案してくださってうれしかった」と佑佳さん。目に障る余計なラインを排除した建築のディテールや、薄くシャープな軒のライン。雑味のない空間に端正な家具や建具が加わり、穏やかな空気感が紡ぎ出されている。ＬＤＫはショールームとしても機能し、自作のダイニングテーブルで打ち合わせも行う。ＬＤＫと向き合う棟には、子ども部屋と寝室。２つの棟のつなぎ部分が玄関とユーティリティだ。寝室へと向かう長い廊下はガラス張りで、リビング・中庭・廊下に、囲まれたひとつの場としての親密さが生まれている。「廊下のガラス張りはコンセプト重視で、暑さ・寒さも織り込み済み。林内さんがものづくりの人たちだから理解してもらえたところがあります」（中渡瀬さん）

右／外壁は骨材入りのアクリル系仕上げ材の吹付けで、ザラリとした質感に味わいがある。左／ドアはナラ材で、すべて宏彦さんの作。玄関ドアには無垢の真鍮の引手を付けた。変化を楽しむため、購入時に付いていた塗装膜を剥がして地金を露出させた。

移動距離が長そうに見えるコの字プランだが、佑佳さんは住みやすさを実感している。「階段の上り下りがないので、あの部屋に行くのが面倒、というものもなく、どの部屋もまんべんなく使える効率の良さがあります。建物の端にあるショールームの入り口と、真ん中にある玄関を使い分ければ、どこに行くにも同じくらいの距離。大きい荷物はショールーム経由でリビングに運ぶとか、一方通行じゃなくて選択肢があるのもいいですね」。

職と住が隣り合う環境で、宏彦さんは以前より思い切り仕事ができるようになったという。忙しい時は、晩ごはんを一緒に食べてから作業場に戻る。「家族と過ごす時間がすごく好きです。日々成長している子どもたちの行動や心の動きを観察するのが楽しくて。家と職場が遠かったら、そういうことも諦めなくちゃならなかったでしょうね」。

宏彦さんが家具作家を志したのは、「考え、提案し、つくり、手渡す」それらすべてを自分で担いたいと思ったから。「先の仕事のあてもないのに、よくできたな……」と、独立と同時に家づくりを進めた4年前を振り返る。佑佳さんと二人三脚で事業を支えて順調に顧客も増え、次女が生まれた。「この家が仕事をくれていると思います。生活ぶりを含めてお客様に見ていただけるように、子育て、住まいを整えること、生活のリズムをつくること、いろいろと手を抜くことなくがんばろう。そう思える家なんです」

右／通りに面して付けられたショールームの小窓。細い窓枠のデザインは家具の持つ繊細さに通じる。左／ショールームの壁に郵便受けが付けられており、配達された郵便物を室内で受け取れる。

上／リビングに相対する棟には子ども部屋と寝室がある。廊下はガラス張りで、内と外の境界が曖昧。右端にあるのが玄関ドア。右／手前が敷地入り口で、軒下空間を歩いていくと突き当りに玄関がある。

上／子ども部屋は、子どもたちの成長に応じて自作の収納家具で2部屋に仕切る予定。下右／廊下からダイニングを見る。ドアの上半分には型ガラスを入れて光や気配を行き来させる。下中／寝室の押入れ部分は右半分に布団などを収納。左半分はオープンにしておき、宏彦さんが収納棚を造作。下左／白のモザイクタイルをあしらった洗面台。奥の右手に浴室がある。

CASE NO. 3

週末は晴耕雨読。通り土間で南の庭と北の畑をつなぎ風を招く

「畑仕事の後に休める小屋がほしい」から始まった家づくり。
土曜日の朝は列車に揺られて都会を離れ、ここに来る。
過剰な情報や溢れるモノから距離を置き、
晴れの日には土に触れ、雨の日には雨の音を聴く。
静けさの中で自分を取り戻し、活力を蓄える。

手前の玄関ポーチから奥の庭まで、深岩石《ふかいわいし》敷きの通り土間が段差もなく一直線に連続。建具を全開して風を通すことで、暑い日も快適に過ごせる。栃木県で採れる深岩石は、よく似た大谷石よりも強度が高い。

CASE NO. **3**

Fさんの平屋

敷地面積：224.83㎡　竣工：2015年

延床面積：89.43㎡

家族構成：夫婦＋子ども1人

設計：岩瀬卓也建築設計事務所

施工：木楽工房

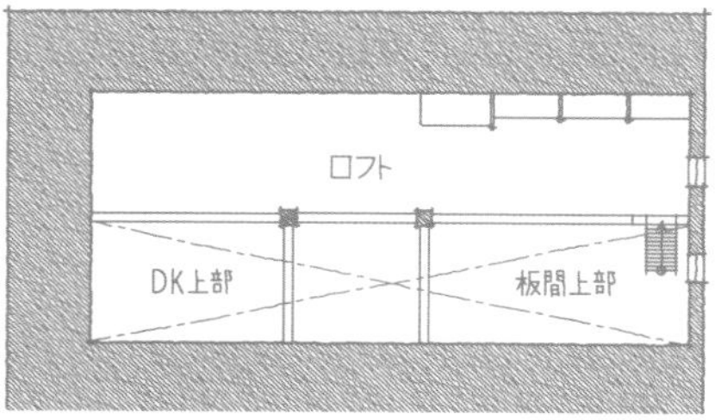

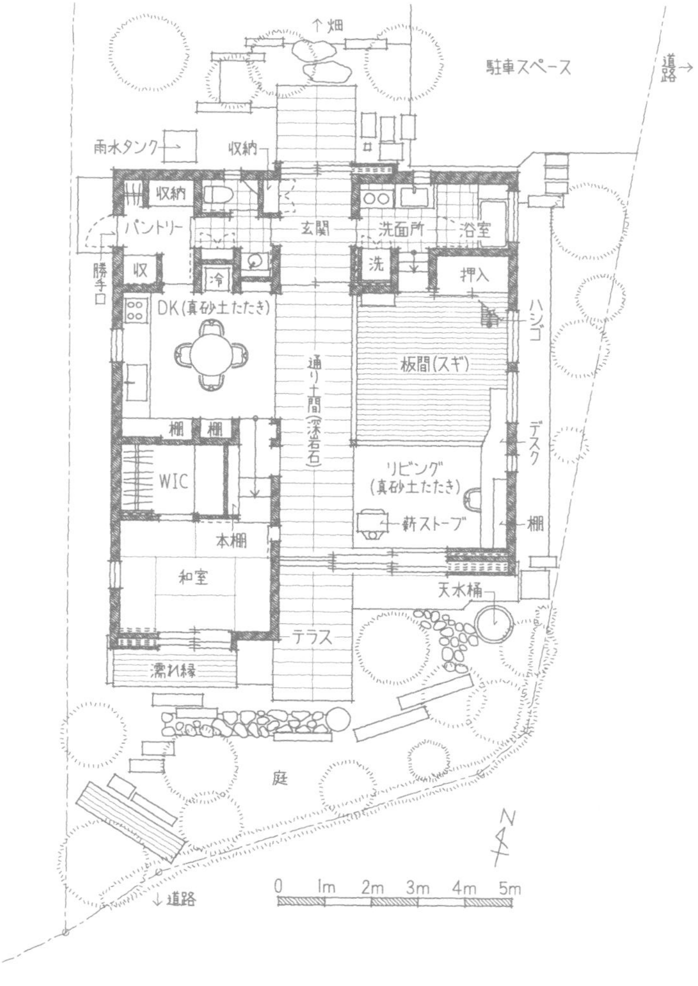

通り土間の幅は一間（約1.8m）。左が小上がりの板間、右奥が和室、右手前がキッチン。昔ながらの田の字形の間取りを思わせる。

土の匂い、風や雨の音——自分に還る場所

「ここでは、いつも北から南に向かって筑波おろしの風が吹いています」と妻。風は深岩石を敷き詰めた通り土間で麻ののれんを揺らし、汗ばんだ体をスーッとなでる。エアコンのない家で、夏の日中も難なくしのげるのはこの風のおかげだ。

Fさん一家は都内のマンションに住んでいる。茨城県にある妻の実家の敷地に建てたのがこの週末住宅だ。家が建つ前ここは実家の畑で、10年以上前から週末ごとに通い、自家用の野菜づくりをしていた。マンション育ちの夫と違い、田園風景の中で育った妻には娘を土の上で遊ばせたいという思いもあった。以前はトタン葺きの納屋があるだけで休む場所もなかった。せめて汗を流してから帰れるように「シャワーがあるといいね」という思いつきが、「お風呂をつくるなら泊まれるようにしたい」、そして「いずれはこちらで暮らせるように」に発展した。

夫妻はともに出版関係の職を持ち、平日は慌ただしく過ごしている。自宅で校正の仕事をしている妻は、神経を張り詰める時間が長い。だから毎週土曜日の朝には日常から脱出するのだという。夫や子どもが都合で来られない日も一人でも来ると決めている。

妻はここに着くと、窓を開け放って風を流し、土間をほうきで掃き清める。いまだに野生のキジがやってくるような場所だから、あとはただ静かな時間が流れる。夏場は、涼しさの残る日曜日の早朝から畑に出る。昼前にはひと通り終わらせ、シャワーで汗を流して帰途に着くのがいつものパターンだ。

家の北側は畑のままに、南側には筑波地方の原生林を模した雑木の庭をつくった。「畑をやるのだから、地べたに近い平屋を、天然の素材を使って建てるというのが自然なことでした」と妻。建築家の岩瀬卓也さんの提案は、通り土間で庭と畑をつなぎ、畑から室内へ戻る動線上に洗い場とパントリーを配置したもので、「これ以上の組み合わせはない、というプラン」だと妻は思った。軸組構造・床・造作家具には、伐採や製材にも立ち会ったという茨城県産のスギ材が用いられ、壁は漆喰と土壁で、新建材は見当たらない。ほぼ田の字型の四角い間取りを、深岩石を敷いた通り土間が貫く。南北の中央にあるキッチンと板間の上には吹抜けが設けられ、高窓からの反射光が柔らかく照らし出す。

「あまりできはよくありませんが」と、畑から戻ってきた夫妻の手には色鮮やかな夏野菜が。トマト、シシトウ、ナス、キュウリ。小ぶりだがどれもピカピカに光っている。収穫した野菜は雨水タンクのある外の水場でじゃぶじゃぶ洗い、勝手口を通ってキッチンに持ち込む。土間だから靴の泥汚れも気にしない。「味付けはど

造作のデスクは妻の仕事スペース。平日の仕事が終わらなくても、土曜の朝には必ずここに来ると決めている。そんなときはやむを得ず仕事を持ち込むことも。板間の床は厚さ4cmのスギ縁甲板。ごろりと横になり、風を感じながら昼寝するのが気持ちいい。壁・天井の仕上げは漆喰塗り。

うする？」「ポン酢とショウガ」。ナスとシシトウは油焼きに。切りっぱなしのトマトとキュウリは、作家ものの器にサッと盛り付ければ夏らしい食卓のできあがりだ。

物が溢れる東京のマンションとは対照的に、ここに置く家具や生活用品は最小限にとどめている妻。「食器は気に入ったものだけを置いています。東京では時間に追われて扱いが雑になりがちですが、ここではゆっくり過ごせるので丁寧に扱えるという安心感があるから、こちらにある方がモノも喜ぶというか、収まりがいい。私も、モノが少ないほうが落ち着くんです」。「ここは別荘というより妻の家という感じかな。僕は妻と違ってモノをたくさん持って、全部大事にとっておくタイプなので」と笑う夫。この家があるから、妻は自分と真逆の夫の性質も受け止められる。

「娘が自立したらこちらでの生活を多くして、東京におじゃましに行く、というふうになるのかも」。心ゆくまで思い通りに過ごしたいという妻の願望を満たすこの家のテーマは、「晴耕雨読」。だから、畑仕事ができない雨の日も、冬も、毎週通う。「雨音を聴きながら濡れた庭木を眺めるのも気持ちがいい。深い軒に守られている感じも安らげます。本を読んだりひたすらダラダラしたりして、一人の時間を味わいます」。時間や義務に追われないこの家では、がんばらない自分でいることが許される。サンクチュアリ、という言葉が似合いそうだ。

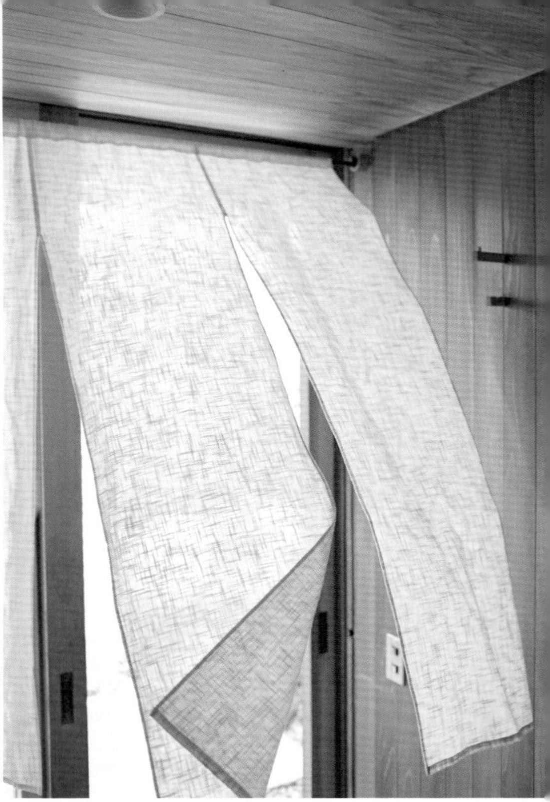

上／玄関まわりの壁・
天井はスギ板張り。風
に舞うのれんは麻。天
然素材の似合う家だ。
下／冬の暖房は薪ス
トーブ1台で十分。オ
フシーズンは畑から詰
んできた野の花を飾って。

上／玄関とLDKの間には冷暖房効率を高めるための引戸を設けた。細やかな縦格子を入れてやんわりと視線を遮る。下／雨水を受ける石でできた立派な水鉢は造園を担当した「草苑」の菊池好己さんが用意してくれた。鳥が水浴びをしにやって来る。

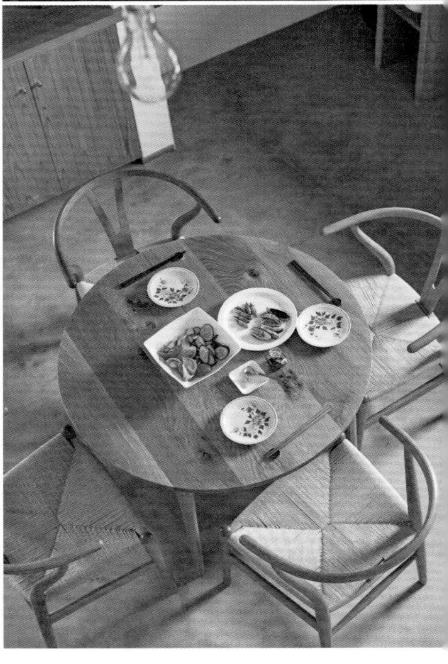

右上／畑の収穫物にシンプルに手を加え、昼食に。広いキッチンなので２人並んでの調理も無理なくできる。右下／ロフトからキッチンを見下ろしたところ。キッチンの床は真《ま》砂《さ》土《ど》のたたき。左／自分のペースで過ごせるこの家には、扱いに気を使う大切な食器だけを少量置いている。

キッチンと板間の上部は吹抜けにして、空間に変化をつけつつ光の届きにくい家の中央に高窓で光を入れる。右端に見えるのは7寸（21cm） 角の通し柱。構造材の9割が県産材のスギ・ヒノキで、樹齢97年のヒノキも含まれる。Fさん一家は伐採や製材の現場にも立ち会い、木の家を建てる醍醐味を味わった。現代の木造住宅は機械によるプレカットがほとんどだが、F邸の柱・梁は大工による伝統的な手刻み加工。

上／リビングの障子を閉めたところ。夜などプライバシーを保ちたい時や、断熱性を高めたい冬場に活躍する。下／造作デスクの天板もスギ材。心穏やかに過ごすため、極力無駄なものを持ち込まないようにしている。

上／ワンルーム的な家の中で、和室は独立性の高い場所にするため、前室的な廊下とステップをつくり奥行き感を演出。廊下に設けた書棚は、板張りの壁で隔ててあるので丸見えにならず、すっきりした見え掛かりに。下右／壁の裏側を掃除道具の収納場所に。下左／和室は土壁で京都の町家風。照明器具やふすま紙はFさんが京都で買い求めたもの。

上／母屋の横には薪置き場を兼ねた農機具小屋をつくり、畑を囲んだ。忙しくて畑に手が回らないときは、すぐ近くに住む父の助けも借りている。
右／スギ板張りの家の外観に合わせてデザインされた、郵便受けとインターフォン。

深い軒に覆われた深岩石のテラス。真壁産の御影石を配した趣きのある庭は、葉が薄く明るい木漏れ日をつくるアカシデの木を中心に雑木で構成。

CASE NO. 4

4層の床が暮らしに変化を子どもたちに遊びをもたらす

より豊かな環境と満足を求めての、2回目の家づくり。
別荘地のように緑豊かな敷地は、ほぼ崖のような急斜面。
ここに、いつも家族がお互いを感じ合える家をつくるには……？
4層の異なる高さの床をスキップフロアでつなぐことで、
変化に富んだワンフロアが完成した。

敷地の傾斜に沿って、玄関、ダイニング、リビング、子ども部屋と4つの床レベルがつながる。ダイニングが椅子座であるのに対し、リビングでは座卓を置いて床座スタイルでテレビを見る。

キッチンから見るダイニングの眺め。左手の中庭に対して、大きなガラス面で開放。傾斜天井がほぼ敷地の傾斜とリンクしている。部屋の幅は2間（約3.6m）だが、左右が大きな窓なので開放的で広く感じる。

上／リビングから中庭を見たところ。ダイニングと違い、天井がフラットで高さも抑えてあるが、庭との一体感で水平方向への広がりがある。冬の熱だまりとしても機能している。右／個室棟からリビングとダイニング、中庭を見通す。目線の高さが次々と変わり、室内の風景に多様性が生まれる。

上右／テレビが収まるリビングの造作収納。見るときだけ引き戸を開ける方式。上左／ダイニングのコーナーには、Holly Wood Buddy Furnitureの安楽椅子を置いて。下／玄関から階段を上がり切ると、ダイニング・キッチンを見下ろすこの景色が展開する。右手には中庭とリビング、左の窓からは木々の葉を見下ろす景色。

上／通りに面した東側の外観。手前を駐車スペースとしてならした程度で、造成工事は最小限に抑えた。下右／玄関ドアを開けたところ。入って左には基礎部分を利用した大容量の床下収納がある。階段を上がってリビングへ。下左／中庭には、夫が船釣りで仕留めた大きな魚をさばけるように、広い外部キッチンをつくった。

CASE NO. 4

有本さんの平屋

敷地面積：330.12㎡　竣工：2018年

延床面積：89.44㎡

家族構成：夫婦＋子ども2人

設計：倉橋友行建築設計室

施工：箱屋

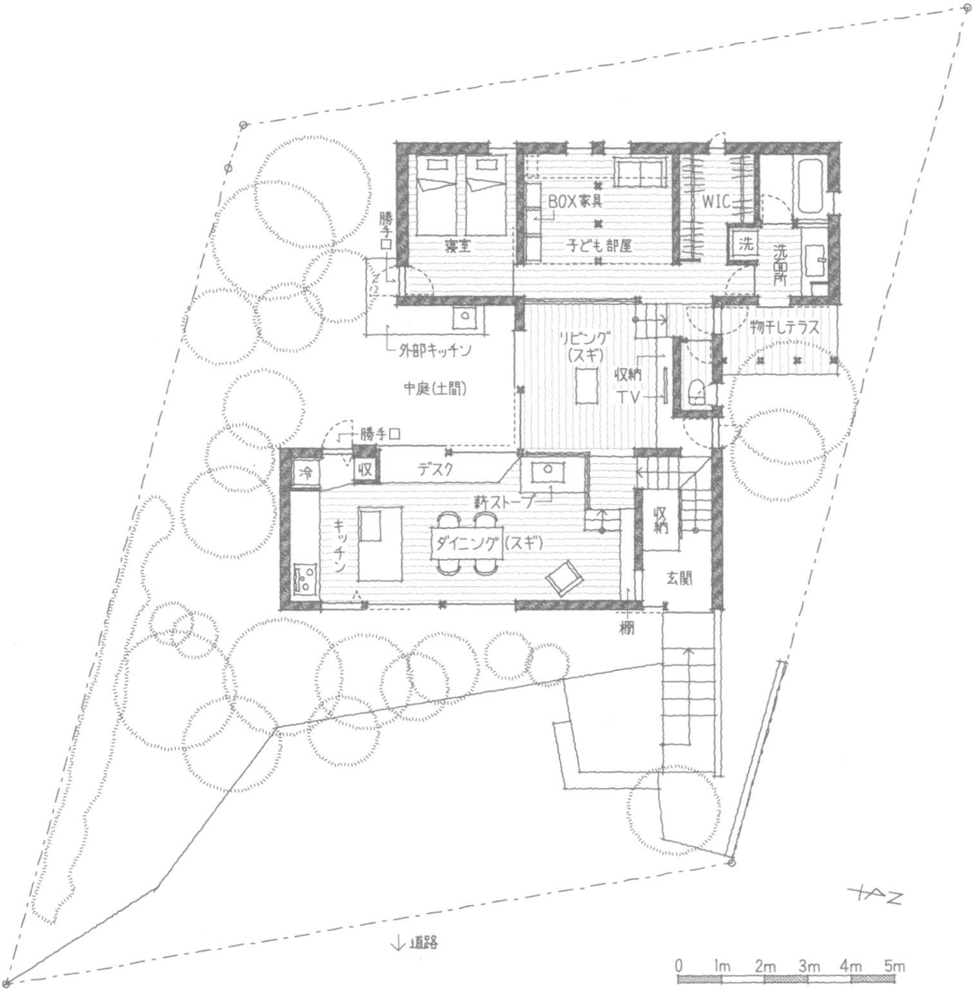

多様な眺めをつくる 傾斜地を生かした 段差のある平屋

山の中腹を開発した住宅地は、名古屋市内とは思えないほど緑豊か。雑木林が多く別荘地のような風情が漂い、建築家が設計したらしき趣きのある住宅もあちこちに見られる。有本さんはこの環境に惹かれ、今度こそ満足のいく家を建てたいという願いを実現させた。「今度こそ」というのは、これが2度目の家づくりだったからだ。

最初に建てたときは「感覚的な好みを伝え切れなかった」と妻は言う。既成品を組み合わせただけのフェイクっぽい素材感やありきたりの間取り、周囲を家に囲まれカーテンを開けられないことに物足りなさを感じた。それでも4年ほどがまんした後、リフォームで改善できないかと検討したが、それなりに高額な費用が必要と判明。それならいっそ売りに出し、別の場所で新築したらどうかと提案したのは夫だった。

建築家・倉橋友行さんを知ったのは、知人から情報をもらって行ったオープンハウスで。「そうそう、こんな感じ！」。モルタルや無垢の木など、素のままの材料で構成された空間に自分がほしかったものを見出した妻は、設計をすべて任せることにした。

倉橋さんと相談しながら決めたこの土地は、崖地といっていいほどの急な斜面で日当たりがよく、南側に眺望が開けている。「内と外が曖昧に感じられる家」「夫が釣ってきた魚をさばいてバーベキューができる中庭」といったキーワードから、平屋になじむ生活スタイルであると気づいた倉橋さん。「この斜面地に平屋を建てる……我ながら矛盾したことを思いついたなと（笑）」。でも、それが平屋の本質を考えるきっかけになった。「〝平屋感〟をもたらすのは、地面と室内の関係性であり、高低差の移動がスムーズにできること。そう考えると、この場所でも成り立つんじゃないかと思えました」。できるだけ削ったり盛ったりの造成をしない方向で、建物が斜面を再現するようなスキップフロアの構成を採用。そして、設計の前段階から造園家に相談をもちかけた。「土地のあるべき姿を話し合い、造成がもっとも少なくてすむように、中庭の位置を決めてから設計をスタートさせました」。

その結果、4つの違うレベルのフロアが、土地の傾斜に添って置かれることに。最も低いところが玄関、階段を上がったところに開けたホールからは、2番目のレベルであるダイニング・キッチンを左に、3番目のレベルであるリビングと中庭を右に見渡せる。リビングからさらに数段上がると、4番目の最高レベルで、子ども部屋と寝室、水まわりが配置されている。ダイニング・キッチンとリビングは中庭側がガラス張りで、それぞれの違う床レベル

右ページ／子ども部屋からリビング、その下のダイニングの見通し。個室棟の内装はラワン合板の木地を現しにして、白のクレーペイントで仕上げたリビングやダイニングと明暗のメリハリを強調。左ページ／ダイニングから中庭を見る。コンクリートの外部キッチンは、寝室勝手口床のコンクリートスラブとつながっている。囲まれた中庭はバーベキューにうってつけ。

が眺めの変化をもたらし、内外一体のダイナミックな広がりを味わえる。「30坪に満たないこの住まいが、狭さを感じさせない豊かな空間になっています」と倉橋さん。パブリックゾーンが白壁で開放的なのに対し、個室ゾーンの内装はラワン張りで暗く、天井の高さも抑え気味。これは、暗い方から明るい方、狭いところから広いところへ視線を誘導するための操作だそう。「間取り図では単純に見えますが、体験できる空間はかなり複雑で多様になっていると思います」。階段状のフロア構成は、ダイニングに置かれた薪ストーブの熱を、徐々に全体に広げるためにも合理的だ。逆に夏は個室ゾーンに設置された大型エアコンの冷気を、全体に行き渡らせることができる。

引っ越して1年。エネルギーあふれる息子たちは、間仕切りの少ない家の中を縦横無尽に動き回る。子ども部屋とダイニング・キッチンは、高さの変化と距離感に隔てられつつ、ガラス越しに様子が把握できるから都合がいい。

妻は勝手口から庭に出ると、レモングラスを一束手にして戻ってきた。はちみつと一緒に紅茶に入れ、氷の入ったグラスに注げば爽やかな飲み物ができあがる。「ここは山と同じ環境。春はいろんな鳥が来ますよ」。そう話す妻に「チョウチョも来るよ！」と次男。裏庭にはもっと木を植えて、薪棚も追加したい、と妻の声は弾む。数年後、この家は森の中に埋もれているかもしれない。

右ページ／階段の突き当りだけ特別に調合された漆喰で仕上げ、見応えのある壁に。左ページ／裏庭に出られる寝室の勝手口には、オリジナルの木製網戸をあつらえた。裏庭はイロハモミジやヤマコウバシを植えて小さな森に。

キッチンは壁面の棚も含め、すべてスギ材で造作。置いてある雑貨の統一感と建物のデザインが調和している。換気扇は壁面に取り付けただけ。フードも棚と一体型のシンプルなつくりですっきりして見える。

右上／個室棟の一角にある洗面室。ラワンの壁・天井、スギの床と洗面カウンター。右下／裏庭側にある寝室の勝手口。斜面が急角度である様子が見える。左上／玄関の引戸はオリジナルデザインで、木目の詰まったピーラーと呼ばれる米マツが使われている。引手は鍛鉄《たんてつ》製、ポーチと外階段はコンクリート版を積み上げたもの。左下／子ども部屋の内装は、好きなところに画鋲や釘が打てるラワン合板。

CASE NO. 5

見て・食べて・育てる
菜園に彩られ
裸足で駆け回れる
土間リビング

子どもが伸び伸び育つ環境を求め、
都内から地方へ転職。広い土地に家を建てた。
庭先で菜園を始めるとお天気が気になり、雨降りもうれしい。
庭で収穫したものは、泥付きのままサッとキッチンへ。
土間の床なら地に近い暮らしを楽しめる。

せり上がったかたちが特徴的な屋根は、風を通し光を入れる吹抜けをつくるため。農作業小屋の延長としての住まいをイメージし、外壁には凹凸の大きな波板を使い、柔らかな陰影をまとった。

南北に小さな川が流れる開けた場所。軒下のテラスのそばにはポタジェ（菜園）が並ぶ。最近になって耐火レンガを積み火を焚ける場所をつくった。手前と左は残土を利用した築山。

庭で収穫した野菜や果物は、土間リビングを通ってキッチンへ運ぶ。モルタルの床だから土がこぼれても平気だ。キッチンや個室など、機能を有する小部屋は床を上げて板張りに。

東西を貫く長さ17mの土間リビングは風通しが良く、吹抜けの高窓も熱気抜きに。高窓から取り入れた北側の光は、シルバーに塗装した天井で反射させ、室内を照らす。

一段床が高くなっているキッチンから庭を見下ろすことで、隣家が視界に入りにくくなっている。川沿いのフェンスを隠すように築山を盛り上げた。

左にちらりと見えるのはLDKと個室側の土間を仕切るカーテンで、冷暖房を効かせたい時や来客時に使用する。当初は建具を入れる計画だったが、土間の抜け感を損なわないカーテンに変更した。

遊びに来た友達と、家のまわりを探検。軒を低めにして、北側の庭も明るく。

子どもも野菜も いきいき育つ家は 「ポタジェ」がモチーフ

時田さんが埼玉県北部の街・熊谷に居を移したのは5年ほど前のこと。それまでは都内の設計事務所に勤務していたが、埼玉でまちづくりの仕事に関わったのをきっかけに、実家の近くに引っ越した。

子どもたちを伸びやかな環境で育てたいと望んだことと、時田さんが設計の仕事をやめ、まちづくりの専門家として働く道を選んだことが結びついた結果だ。また、農的な環境を活かすまちづくりの仕事を通して、自らも土に近い暮らしをしたいと考えるようになり、ここはそれを実現できる場所でもあった。

この家のテーマとなっているのが時田さんが採用した「ポタジェ」の存在だ。ポタジェとは、「家庭菜園」を意味するフランス語。野菜や果物、ハーブ、花卉《かき》などを混植することで生育を助け合い、収穫とともに見た目も楽しむ。

二筋の川に挟まれた敷地は約140坪もある。建物を北側に寄せ、南側に子どもたちが思い切り遊べる十分な庭を確保するとともに、ポタジェを家のまわりに配置した。ユニークなのは、間取りの構成にもポタジェの考え方が取り入れられている点だ。建築家の平井政俊さんは、コンセプトをこう説明する。「建物の四隅に

右／西側テラスは朝と昼は直射日光が差さないので、テーブルを出せば夏も快適な食事の場所になる。大きく屋根がかかっているため、雨の日はここに車をつければ濡れずに荷降ろしできる。左／今日は風があって涼しいテラスで昼食を。

あるポタジェに見立てた箱を大きな『柱』として、上に屋根を架けた構成です。箱の中とそれ以外の場所が『混植』され、互いに補完する関係性となっています」。

ポタジェに見立てた部屋以外のスペースが、リビングやダイニングといった家族の共有空間で、床はすべてモルタル塗りの土間だ。土間と庭があちこちでつながる内外の境界が曖昧な環境では、心理的なバリアが取り除かれて内外の行き来がスムーズになる。ポタジェで収穫した野菜をキッチンへと運ぶときに、少しくらい土が落ちても土間ならさほど気にする必要がない。

壁の仕上げにはあまり見かけない素材が使われている。「ハードボードという繊維を押し固めた薄板で、安価ながら上品な光をもたらしてくれます」と平井さん。手の届く範囲は、押縁を外せばすぐ交換できるようにしてあり、汚れやキズを恐れず暮らせる環境になっている。

屋根は建物からせり出し、場所ごとに違う用途に対して多様な軒先空間をつくっている。南側は、夏の日射を遮り冬は部屋の奥まで日を導く、太陽の角度を計算したほどよい深さ。軒下のテラスには農具を置いたり野菜を干したりできる。東側は室外機や自転車を置くバックヤードなので、やや深く。キッチンから近い西側は、普段は駐車スペースであり、車を出せばテーブルやピザ窯を置いてお茶や食事ができるアウトドアダイニングにもなるため、

壁のハードボードは天然繊維の色味と風合いが優しい。ボードを留めている押縁に釘を打って、子どもの作品を飾ったり、かばんを掛けたり。

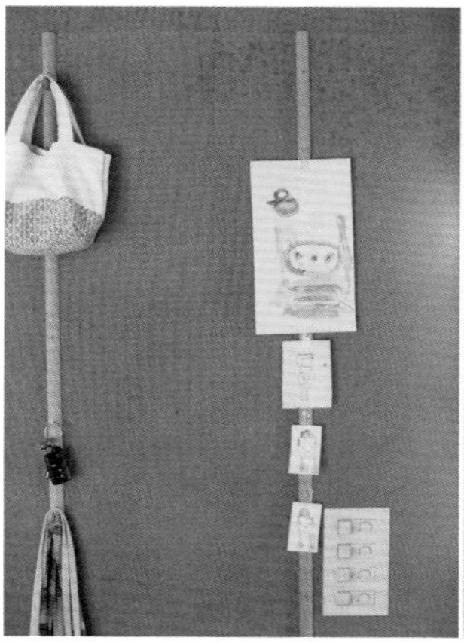

軒は大きく張り出させた。

暑さ日本一を競うことで有名なこの街で、「夏の朝夕でも窓を開けていられるように、平屋の中に立体的な風の道をつくりました」と平井さん。東西を貫く17mもの長い土間を涼やかな風が吹き抜けるのは、川に沿って吹く風をウィンドキャッチャーの壁で室内に導いているからだ。「おかげで不安だった夏の暑さも問題なくやり過ごせています」と妻はその効果を実感している。土間の広さゆえに心配だった冬場の寒さも、床暖房の弱運転で暖かさは十分だという。空間が大きいため、より冷暖房の効率を上げたいときの間仕切りとして断熱性の高いカーテンを特別にあつらえた。

「ポタジェで育つ野菜が採り頃になっていることに気づけば、さっと庭に出て収穫できるのがいい」と、憧れていた暮らしを実践している時田さん。東京に住んでいた頃は靴に土がつくのも嫌がっていたという長男が、今では裸足で芝生の庭を駆け回り、トカゲやアマガエルを捕まえて遊ぶ。垣根のない家だから、近所の子ども達もまるで自分の家のように上がってくるが、妻はそれをポジティブに受け入れている。「子どもたちにとってはそういうのがすごく楽しいんだと思います。息子は以前に比べてかなり外交的になったんじゃないかしら」。周囲の環境や自然と積極的に接点をもつ現代の百姓家。そのおおらかな暮らしぶりが、子どもたちの可能性も広げている。

右／玄関の造作家具は収納とベンチを兼ねたデザイン。床のモルタルと色を合わせ、セメントと繊維からなるフレキシブルボードでつくった。左／両開きのガラスドアがオープンな印象の玄関。夜は外から室内が見えないよう、障子の引戸を閉める。

CASE NO. 5

時田さんの平屋

敷地面積：461.37㎡　竣工：2018年

延床面積：95.17㎡

家族構成：夫婦＋子ども2人

設計：關本《せきもと》丹青《みお》＋平井政俊建築設計事務所

施工：時田工務店

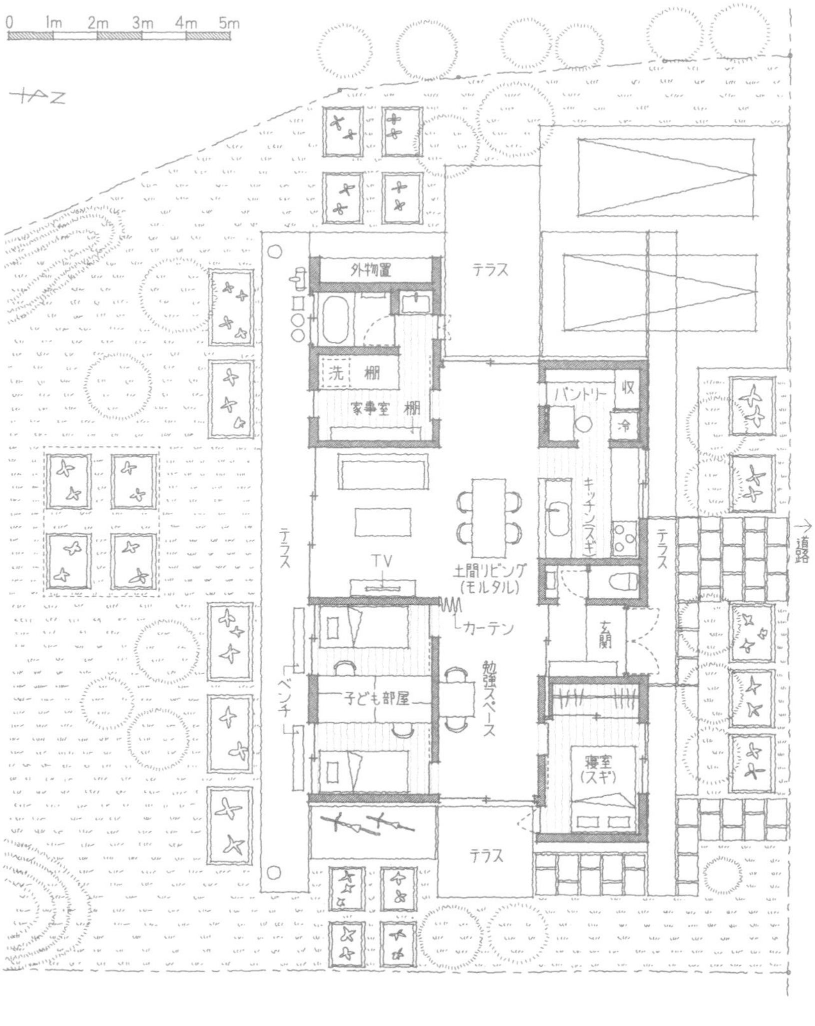

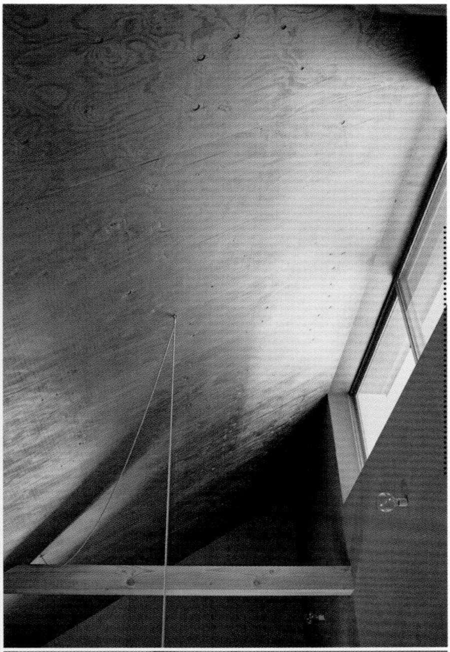

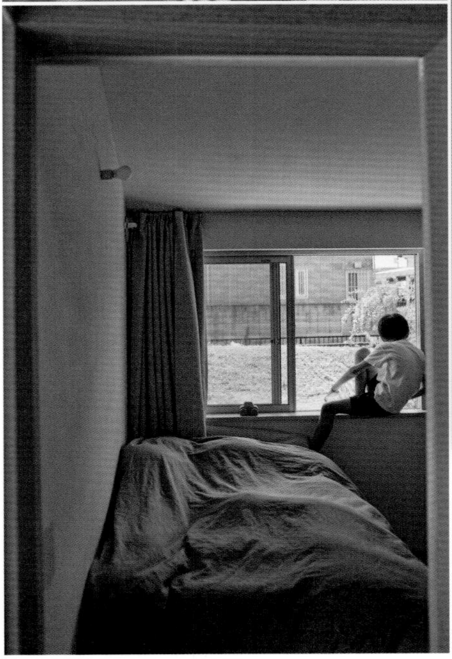

右上／屋根を急勾配にして吹抜けをつくり、高窓で暗くなりがちな土間を照らす。右下／手前が寝室、奥が子ども部屋。部屋の間には必ず土間があり、廊下はない。左上／平井さんがデザインした照明器具。違う場所にも付け替えられるように、いくつかの壁に電源が隠されている。左下／窓から自分の部屋に出入りする息子。「ダメ、と叱っても聞かなくて（笑）」と妻。

CASE NO. 6

壁に映る光の軌跡や庭先の花と木々——。変化がもたらす豊かな時間

都会のマンション暮らしから郊外の平屋へ。
家づくりの根幹には、幼少期からあたためてきた憧れがあった。
住み替えで得た時間を、家の雑事や地元飲みに費やす。
漆喰に映る光の変化や庭を眺めながら考えに耽るのも、
ここでしか味わえない最高の贅沢。

板張りの外壁に埋もれるようにある控えめな玄関を、ガレージの軒先から見る。建物でぐるりと囲まれた庭はしっとりとした落ち着きのある和風の趣。

ガレージ横の木戸を開けると、ほの暗く細い通路の向こうに玄関が見え、どんな展開が待っているのかと期待が膨らむ。両側の壁はスギ板張り、通路の床は玉砂利洗い出し仕上げ。

土間キッチンの掃き出し窓から出ると、天然石を敷き詰めた軒の深いテラスと芝生の庭。板塀の向こう側は線路で、時折電車がコトコトと走り抜ける。造園はNAYA設計室。

CASE NO. **6**

Oさんの平屋

敷地面積：331.63㎡

竣工：2017年

延床面積：113.40㎡

設計：堀部安嗣建築設計事務所

施工：安池建設工業

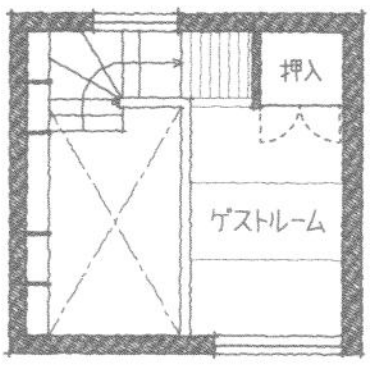

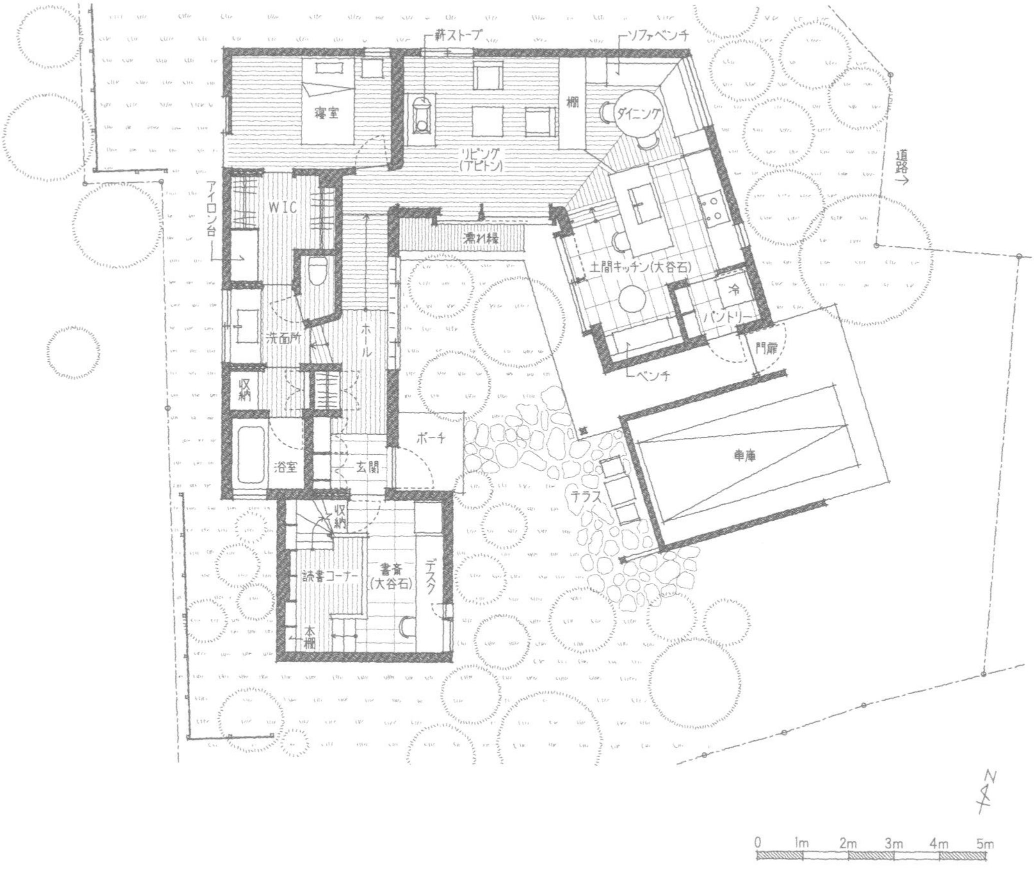

中庭を巡る
長い動線で
場所を縫い合わせる

ガレージと一体にデザインされた板張りの外観。木戸を開けて細い通路を進み、中庭を横切って玄関ポーチへ。中に入ると、長く白い回廊が現れる。右手に庭を眺めつつ上る微かなスロープに、奥への期待感が高まっていく。その先には、薪ストーブのあるリビングと、囲まれ感が心地の良さそうなダイニング。右に回り込むと床が低い土間キッチンで、ようやく建物の端が目に入る。

住まい手のOさんから家づくりの発端を聞き出すと、少年の頃からの物語が浮かび上がってきた。「実家は小さな2階建てで、家族4人の生活にはプライバシーがありませんでした。だからいつか自分で広い家を建てようと、お小遣いを『家貯金』にしていたんです」。

時は流れ、おとなになった少年は都心で流行の一歩先を走る職業人に。多忙な日々に似合うのは、職住近接のマンション暮らし。便利で合理性のある暮らしだが、Oさんは物足りなさを感じていた。「住み心地はいいけどつまらないなと。眺める風景に、変化が少ないんです」。

平屋を求めたのは、好きな建築家・吉村順三の影響から。「豊島

緩い片流れの屋根を持つ建物。左側にはガレージが付属する。まわりに3階建てが密集し始めた地域に対してぐっと高さを抑え、古き良き時代の街の風景を保つ。

区目白にある吉村順三記念ギャラリーを訪れたとき、展示されていた平屋の住宅がとてもすてきで、販売されていた図面まで買って帰りました。それが建っていたのが、ちょうどここと同じくらいの敷地でした」。ふらりと土地を探しに訪れた鎌倉で、たまたま出会ったのがこの場所。ピンときた勢いのまま購入に至ったと、Oさんは言う。

設計は、先輩からの紹介で知った建築家の堀部安嗣さんに依頼。『これでなくてはダメ』というものはなくて、『これはイヤ』というものがハッキリしている」というOさん。オーダーは、「落ち着ける平屋で、四季の移ろいを感じたい」といった抽象的な内容のみで、細かい注文は出さなかったという。「堀部さんに頼むなら具体的な希望はあまり言わず、想像してもらった方がいいものができる」という先輩からの助言に従って。

「つ」の字でぐるりと中庭を囲むこの家は、長い動線によって様々なシーンがつながれている。線路際の敷地という特殊な環境で、騒音から生活を守る必要があるため、線路側に車庫と書斎を配置してガード。もっとも線路から遠い場所に寝室とリビング・ダイニングが配置された。

建物はほぼすべての場所で幅2間（約3.6m）。「狭くも広くもなく、ちょうどいいですよね。オーダーメイドってこういうことなのかな、という感じがあります」。折れ曲がりながら連続する「つ」

の字の端から端までは距離が長いが、窓から見える庭や室内の眺めなどが場所ごとに変化して飽きさせない。それぞれの居場所には開と閉、高い低いといった個性が備わり、メリハリが感じられる。

Oさんが一番長く過ごすというダイニングは、「堀部さんが僕をだらけさせようとしているとしか思えない」と冗談にするほどの居心地良さ。床が少し掘り込まれていて包まれるような安心感があり、座ると視線は中庭へ導かれる。「冬は寒椿、初夏には紫陽花という具合に、年中何かしらの花が咲いています。真ん中の梅は古木で、去年はよく咲きましたが今年はいまひとつでしたね……」。ピシッと差し込む朝日の軌跡や、月明かりのグラデーション。漆喰の壁が反射する光は繊細に移り変わる。それは意識して見るものではなく、「ふとした瞬間に感じる」豊かさなのだ。

引っ越してまだ2年だが、Oさんはすっかり地元のコミュニティに溶け込んでいる様子。「この地域は遅くまで開いている店が限られるので、自然に人が集まってきて知り合いになります。お互い家を行ったり来たりするような友達も、すぐにできましたね」。近くに店がないことが、Oさんを頻繁にキッチンに立たせることに。決まった曜日のゴミ出しや、家に侵入する虫への対処、庭の水やりと、都心のマンションでは必要なかった雑事には事欠かないが、ただぼうっと過ごす時間も増えたという。平屋への住み替えによって営まれているのは、文字通り「地に足の着いた暮らし」だ。

長い回廊の窓は、サッシのアルミ枠が目立たないように薄い縦格子を入れた。歩きつつ見る角度が変わることで、視界の開け方が変化する。

2寸勾配の緩い片流れの天井が奥へと連なるLDKは、手前からリビング、ダイニング、土間のキッチンと、床の高さが次々変化。壁・天井の漆喰が、独特の艶とムラで光を受け止める。
この家のために新調した家具の中には、欧州から個人輸入したものも。唯一前の家から持ってきたものは棚の上のレコードプレーヤー。近隣の緑を取り入れる高窓は、ウッドブラインドで開放性をコントロール。

大谷石を敷いた土間のキッチンから見たダイニング方向の眺め。段差の脇に添えられた手すりが、建築家の暮らしやすさへの気遣いを感じさせる。北欧ヴィンテージの丸テーブルは直径1.1m。ダイニングの床は一段下げてソファ・ベンチを造作。「ここに寝そべって漆喰の壁や天井を眺めていると、光によって365日表情が変化するのがわかります」（Oさん）

堀部さんは、Oさんの手持ちの家具やレコードなどビンテージ感のあるものから内装のイメージを探っていった。薪ストーブはシェーカー・スタイル。

リビングから眺める、ウメの古木を中心にした中庭の景。線路からもっとも奥へ引き込んだ場所で、外からの視線も音も気にならない。窓際の床には、床下空間を使った冷暖房の吹き出し口が。

庭との行き来がしやすい大谷石の土間キッチン。突き当りはただの壁にせずベンチと棚をつくり、視線を受け止める。

上右／ステンレスとラワン材で造作したオリジナルキッチンは男性らしさの漂うデザイン。 上左／ソファ・ベンチを造作したダイニング。隣家の緑を借景する窓のガラス面はFIXで、下部に通風用の開口部が設けられている。下／土間の大谷石は、冬は日を受けて熱を蓄え補助的な暖房に。

玄関の左側にある書斎は、漆喰塗の明るい母屋とイメージを変え、濃い目に染色したラワン材で囲んだ。窓も小さくして入る光を絞り込むことで、仕事への集中を促す。

右／洗面室への２段のステップは感覚に沿う斜めの壁と斜めの段板が、人の動きをスムーズにする。左／書斎の背面にある吹抜けには書棚を造作し、図書コーナーに。書斎の上には3畳のゲストルーム。

玄関からリビングへと続く回廊は、漆喰で塗り込められた白い空間。突き当りは寝室のドアで、右に折れるとリビング。床材が横張りになっている部分は、緩い上り勾配。

CASE NO. 7

気分や天気次第。過ごしたい場所がいくつもある海辺の週末住宅

15年後にリタイアしたら定住をと、西伊豆に建てたセカンドハウス。
設計は建主が「価値観の師」と仰ぐ家具デザイナーだ。
細やかにつくり込まれた建築は、
造作家具の集合体のような側面もありながら、
リズミカルな緩急を持つ空間の変化が小気味良い。

窓を全部戸袋内に引き込んで南側から見たリビング。黒い外壁は昔ながらの製法でつくった本格的な焼スギ板。屋根の凹み部分にはルーフテラスがある。

建物の右手に海を望む。雲のない日は海の向うに富士山が姿を現す。周囲にはみかん畑が広がる。

上／奥行きの深い窓のフレームには、家具を壁に埋め込んだような面白みがある。ここに腰掛け、海を眺めながらコーヒーを飲むのが相羽さんの朝の過ごし方。下／すっぽり包まれるような感覚に、不思議と気分が鎮まる通路沿いのソファコーナー。この日は取材に立ち会っていた小泉さんがパソコンで仕事を。

上／ヒノキ板張りの箱の中身はキッチンで、右側面にソファコーナーが組み込まれている。ダイニングセットのまわりには過不足のないスペースが残され、緻密に計算された空間の心地良さがある。ダイニングテーブルとチェアは小泉さんのデザイン。下２点／キッチンには料理の受け渡しに便利な小窓を付けて。収納の扉を手前に倒すとカウンターになる仕掛け。

玄関を兼ねた土間は、引戸を大きく開ければテラスと一体的な利用が可能に。左に突き出している木枠は廊下の入り口で、高さを相羽さんの身長に合わせてつくられている。

右／相羽さんの書斎兼寝室は3畳に満たない極小空間だが、デスクとベッド、書棚を完備。左／スギパネルで囲まれた個室や水まわりへ通じるトンネル風の通路。その入り口は壁から突出し、宙に浮いている。ウィットに富んだデザインが相羽さんの思考を刺激する。

土間の障子を閉めるとアクティブな海辺の雰囲気が消え、静謐な空気感をたたえた部屋に姿を変える。手前のはしごは客間として使えるロフトに通じている。

土間に面した海側のデッキにつくられた外流し。釣った魚をさばいたり、テラスでバーベキューをする時の水場になったりする。

CASE NO. 7

相羽さんの平屋

敷地面積：638.4㎡　竣工：2018年

延床面積：114.7㎡

家族構成：夫婦＋子ども２人

設計：Koizumi Studio

施工：空間工房LOHAS

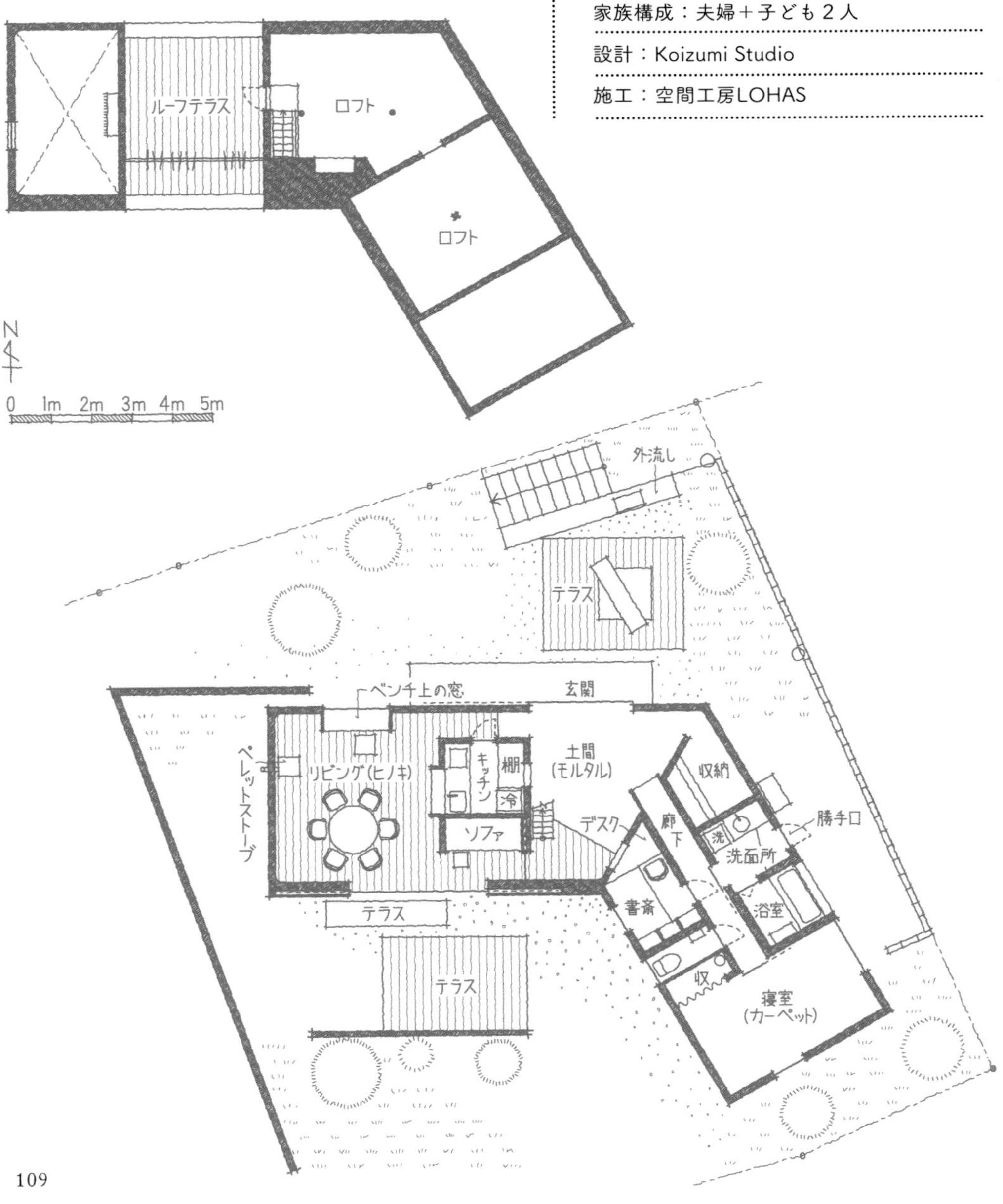

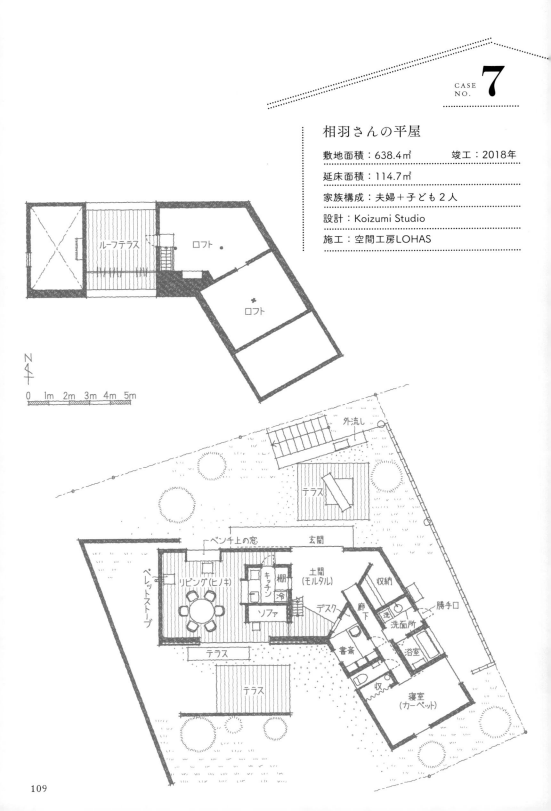

綿密に練られたディティールが感覚を刺激する

最寄りの駅から、海岸線を30分ほどタクシーで走ると、道沿いに焼スギ板の外壁をまとった平屋が現れる。海へと下る緩い斜面の裾野に、みかん畑を従えるようにして建つこの家は、建設会社を営む相羽健太郎さんがセカンドハウスとして建てたものだ。「関東の人間なので、海と富士山に憧れがあって」と笑う相羽さん。気象条件がそろう日には、海の向こうに富士山がよく見える。仕事で静岡方面へ出かける機会が多く、行き帰りにふらりと寄れる場所として伊豆半島の付け根の町を選んだ。温暖な気候が気に入っており、リタイア後に定住することも視野に入れている。多忙な日々の合間を縫って、月に1〜2回程度通ってきているそうだ。

設計は、仕事で長い付き合いのある家具デザイナー・小泉誠さん。住宅設計は本業ではないが、建設会社の仕事を通して複数の建築家と深く関わってきた相羽さんにとって、小泉さんも「価値観の先生」のひとりだ。

オーダーはほぼ丸投げ。小泉さんへの全幅の信頼もあるが、自分には想像もつかないようなものにして欲しいという思いもあった。この家をリラックスや気分転換の場だけでなく、小泉さんのつくる建築から刺激を受けて思索をする「インプットの場」にし

右／海に向かって緩やかに下るみかん畑から、山を背景にした週末住宅の全景を見る。左／切妻屋根と真っ黒な焼スギ板の外壁が力強いシルエットを描く。

たいと願ったからだ。

敷地は広く、設計の可能性は無限ともいえる。その中で小泉さんは、への字に折り曲げた建物を、敷地に対して斜めに振って配置した。南北に生まれた不整形の空きスペースには、それぞれにテラスをつくった。北側は遠くの富士山を遠望するため、ふたつ目は近くの山を見上げるため。「へ」の字の中心にある広い土間は、パブリックゾーンとプライベートゾーンの結節点であり、特に決まった玄関がないこの家の主な出入り口となっている。引戸を開け放って椅子を置けば、富士山を眺める絶景ポイントに。流し台と火を焚けるくぼみをもつテラスと一体的に使えて、招客が大勢のときにも難なく対応ができる。

土間が開かれた動的な場であるのに対し、奥まったリビングは静的な場だ。室内に満ちる小泉流の空気感を、なんと表現すればいいだろう。仮に上質なオーダーメイド服のフィット感と心地よさ、とでもしておこう。包まれるような安心感のある場所から、窓枠に切り取られた海や山を眺めると、また違った趣がある。性格の異なるいくつもの場所が緩急のリズムでつながり、さまざまな居心地を試しながら自分の好きな場所を発見していくのが楽しい。

「自宅ではホームポジションが決まるものですが、ここでは気分や天気、季節によって居場所を変えます」（相羽さん）

「たとえばダイニングチェアの後ろはどのくらいの空きが最適か、

右／南側に迫る山から見下ろした、週末住宅と海。左／海岸へ行くときに降りる野趣に富んだ階段は、石垣と一体的にデザインされている。造園デザインは小林賢二アトリエ。

というところから部屋の寸法を決めているところがあります」と小泉さん。相羽さんはその設計手法の独自性から、学ぶことが多かった。「部分最適を突き詰めながら、結果的に全体のバランスが取れている。全体から構想していく建築的なアプローチとは違いますね」。それが顕著に見えるのは、通路を兼ねたソファコーナー、腰掛けられる窓辺、からくりっぽさが感じられるダイニングの収納など、造作家具の集合体といった側面。もちろん単なる寄せ集めではなく、空間のボリュームの変化や視線の抜け・留め、光や風景の最適解が、感覚刺激の快さを導き出す。

「大工さんは、1ミリ単位で書かれた普段と違う図面を見て、相当緊張しただろうなと思います。でも、それがあるから凛とした表情が出せるんだということが、できあがった空間で体感できました」と相羽さん。お気に入りはソファコーナーで、真冬以外は窓をフルオープンにして、開放感とこもり感を同時に味わう。雨の日も窓を開け、ソファにもたれながら雨音を聞く。「軒先から落ちる雨だれがすごくきれいなんですよ。どこかのお寺なんかで感じたことのある気持ち良さが、身近なところでリアルに感じられて。心が穏やかになれるということは、家づくりの目的として優先順位は高くなかったんです。でも、実はすごく大事なことだったんだと気付かされました」。

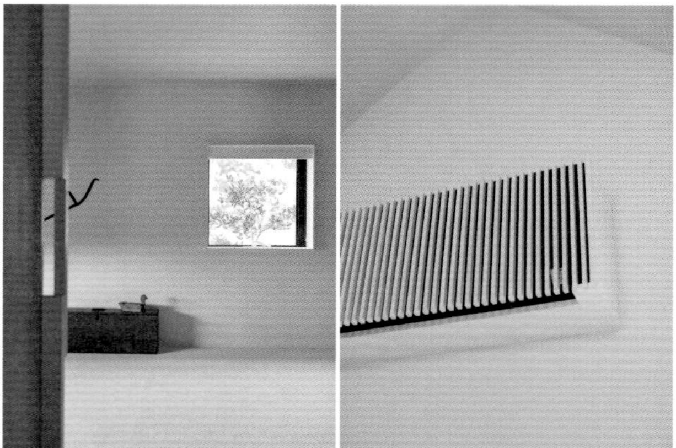

右／リビングの吹抜けにつけられたエアコンは、露出しないように格子で隠して。左／寝室はオフホワイトで統一した浮遊感のあるインテリア。

リビングの障子を閉めると、外界から閉ざされた安心感がもたらされる。

CASE NO. 8

三角帽子でそっと包んだ小さな家の〝余白〟というゆとり

建築家・横山浩之さんが建てた自宅兼事務所は、

大小の方形屋根が寄り添うように芝生の庭を囲む。

面積が限られていても、広がりを感じられる。

大きい窓が多くなくても、明るさを感じられる。

これから家を建てる人へのたくさんのメッセージを込めて。

芝生の広い庭には塀を設けず、近隣と共有するような感覚で開いた。次ページの写真でわかるように、設計事務所として使っているはなれと母屋を、芝生スペースを囲むように配置している。

床や天井の変化と色のメリハリで豊かに彩る

静岡県掛川市にある建築家・横山浩之さんの自宅は、最寄り駅である掛川駅から山をひとつ越えた海辺の街にある。一帯には背の高いマキの生け垣に取り巻かれた家が多く、ひと区画の面積は大きいはずだが閉ざされた印象がつきまとう。その中で、パッと開けた一角が横山さんの家だ。芝生の庭には生け垣も塀もなく、方形屋根の小ぶりな建物が2つ、寄り添うように並んでいる。写真左手の屋根は横山さんの設計事務所、右手は妻の友美さん、息子・生太君とともに暮らす住まいだ。

横山さんは、建築家として独立して6年目。「若い者が土地を守れ」と、両親はすぐ近くに別の土地を購入して引っ越し、横山さんは生まれ育ったこの場所を譲り受けた。古屋を建て替えたこの家は、生活の場であり、仕事場であり、お客様に見てもらうショールームの役割も担っている。

「ここも以前はブロック塀とマキの生け垣に囲まれていました。土地は広いのに、車一台がやっと入れるくらいの入り口しか開いてなくて。海が近いから塩害を防ぐ目的もあると思うのですが。建て替えるなら外構も開放的にして、公園のような感じにしたいな

と」（横山さん）

結婚してから暮らした2つのアパートは、なんとなく住みにくかった、という友美さん。「この家は本当に居心地が良くて、落ち着くなぁと思っています。夫がつくるもののセンスが好きなんです」。母屋の面積はたった27坪だというが、とても広々して見える。小さな玄関からすぐにLDKが開ける。LDK以外の場所は、40cmほど床が高くなっている。それと同じ高さでリビングの窓台が続き、ベンチのように腰掛けることができる。スギの床を黒く染色したのは、家具や暮らしの道具を引き立たせるため。スギ板は柔らかく傷つきやすいので、段差の端には堅木のタモを添えた。白木の縁取りはメリハリが効いていて、小じゃれた装いだ。

メインの窓は、リビングの床から窓の上端までの高さが1.5mと抑え気味。その理由を横山さんはこう解説する。「南側は隣家の駐車場で借景になる感じでもなかったので、室内からの視線をできるだけ低く抑えて、庭の芝生に目が行くように仕向けています。家族がくつろぐ場所なので、外から丸見えというのも避けたいですし。窓の両側を板張りにすることで水平ラインを強調したのは、室内の眺めに視覚的な広がりを持たせるためです」。

LDKは、屋根の形そのままのテントのような吹抜けに。漆喰塗りの傾斜天井が窓からの光を拡散して、室内は明るい。「大きな窓をたくさん付けなくても、明るい家はつくれるんですよ」。見に

ダイニング南側のメインの開口部は縦 1.5m × 横 3.5m と、抑え気味のサイズ。庭がオープンなので通りから室内の丸見え感をなくすのがねらい。ダイニングの床は下げ、窓辺にベンチ状の床を巡らすことで安心感を得ている。窓辺の床下は収納として活用。

来てくれるお客さんに、横山さんはそう説明する。
寝室の間仕切りは吊り戸で、すべて壁に引き込める。開けておけばＬＤＫとつながり、南北両方の窓へと視線が通る。昼間は開けっ放しにすることを前提に、ベッドは置かず布団で寝るスタイルだ。寝室とＬＤＫの間には、ぽっかり空いたホールと呼ぶスペースがある。たった27坪の中にムダとも思える場所をつくったのはなぜだろう。「途中、もったいないから納戸をつくろうか、とも考えたんですが、やはり小さい家だからこそ余白が大切だなと。ホールは広い廊下のようでもあるのですが、普段は息子が遊べますし、人が集まれば宴会もできます」。ゆとりの空間を温存しつつ、一方で移動にしか使えない「通路」がほぼない。注意深く練り上げられた間取りには、これまでの設計経験が集約されている。
設計の段階では予想外の規模の小ささに、一瞬ひるんだという友美さん。「前に建っていた家が大きかったので、そのイメージを引きずっていたんですね。せっかく広い場所なのに、これだけ？と（笑）。だけど、住んでみると余分なものがなくて掃除も楽だし、必要十分でいいんですね」。友美さんは思い出したように、柔らかい笑顔でこう付け足した。「夫と息子がダイニングで楽しそうにしているところを、床が一段上がったキッチンから見下ろすと、心がほんわかして幸せを感じます」。

キッチンでランチの準備を手伝う生太くんを、浩之さんがそっと観察中。

傘のような白い傾斜天井が窓からの光を増幅させるLDK。上への開放感が空間に広がりを与える。段差の縁にある丸柱には籐を巻きつけ、手仕事のぬくもりを添えた。

右／玄関からLDKを見通したところ。白い漆喰壁を背景にすると、何気なく掛けられたほうきも絵になる。左／対面のカウンターはシンクのみで、汚れやすいコンロは壁側に配置。オープンなキッチンなので、見た目も楽しめるように飾り棚を付け、小窓の意匠にもこだわった。

右／キッチンからリビングやホールにも目が届き、家族の様子を感じながら料理や片付けができる。左／段差を利用したベンチ状の部分は、大勢人が来たときにも思い思いの場所に腰掛けられて便利。

ホールにはデスクを置いて、家族共有のワークスペースに。生太くんが勉強をする横で、友美さんは縫い物をしたり、持ち帰った仕事をすることも。子ども部屋は今のところほとんど使われず、親と一緒に過ごす時間が長い。

上／リビングから見る寝室。間仕切りは吊り戸なので床にレールや溝がなく、両脇の壁の中に戸を引き分けるとホールやLDKとひとつながりの空間に。左／戸の引手はぬくもりのある木製（タモ）で、横山さんによるオリジナルデザイン。

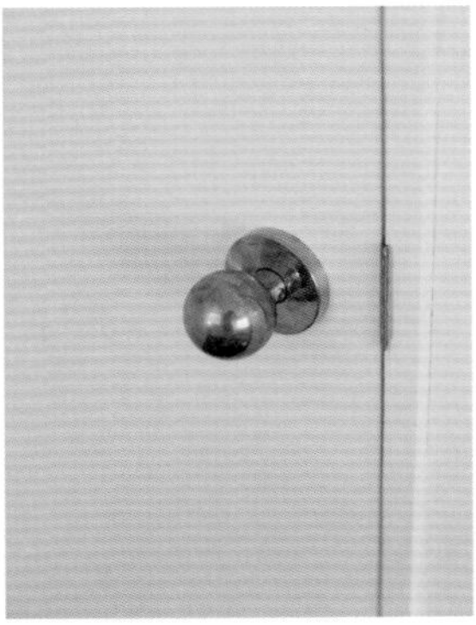

上／まん丸で愛らしい真鍮製のドアノブは堀商店のもの。下／椅子に腰掛けてゆっくりメイクができる洗面台は友美さんのお気に入り。置き家具風のデザインにすることで、部屋としてのくつろぎ感を演出した。

CASE NO. **8**

横山さんの平屋

敷地面積：431.70㎡　竣工：2019年

延床面積：主屋 92.47㎡ ／ 離れ 29.81㎡

家族構成：夫婦＋子ども1人

設計：横山浩之建築設計事務所

施工：八伊勢

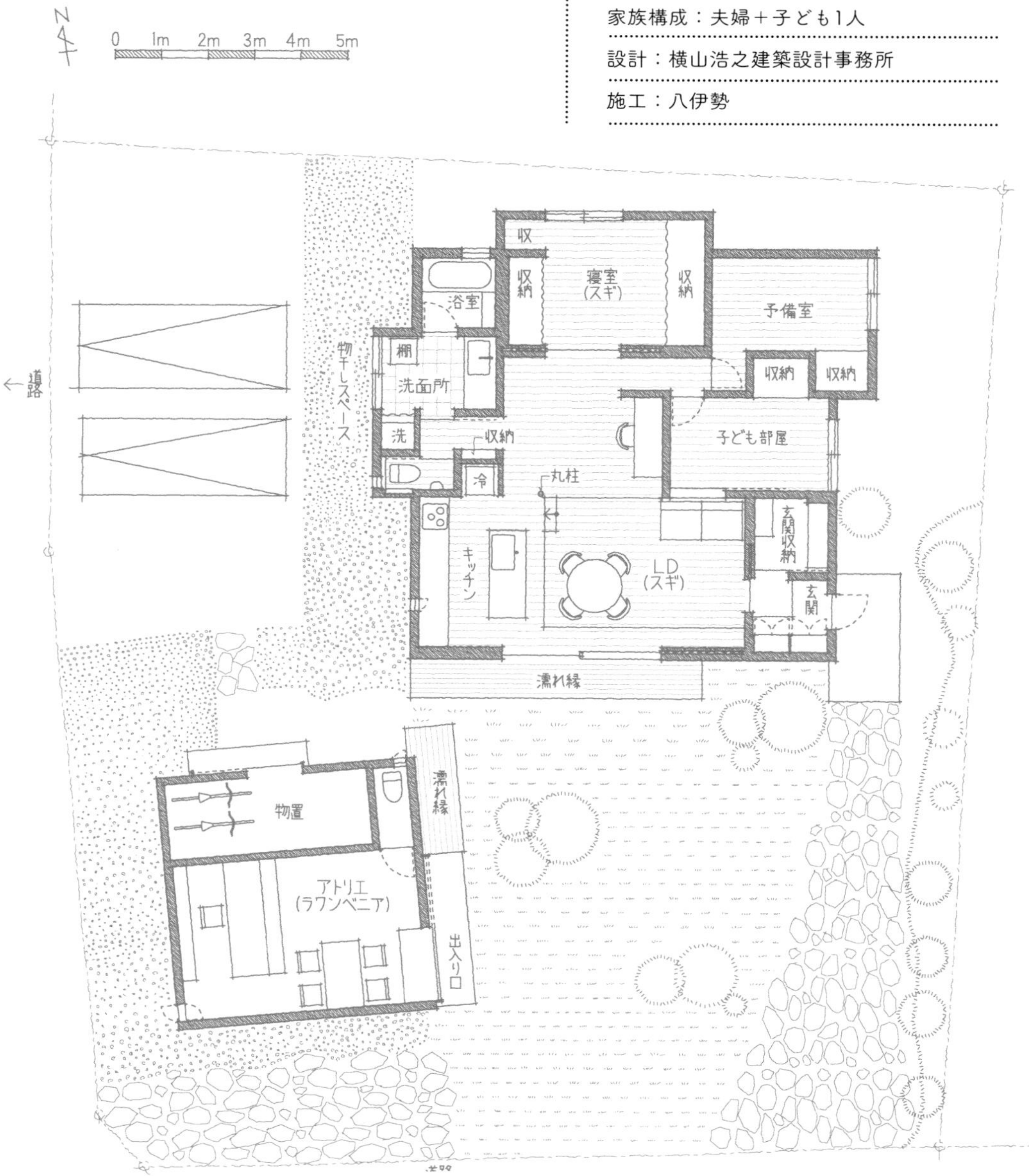

上／はなれは設計事務所のオフィス。方形屋根を支える４本の梁を意匠的に見せているのが、母屋と違う点。下／床はラワンベニヤ張りを黒く塗装してコスト削減。窓から庭を眺めつつ仕事ができる。

CASE NO. 9

野原のような庭と花を扱うアトリエ。大好きな愛犬とずっと一緒に

フラワーアレンジメントを仕事にする妻が、
時間をかけて少しずつ育てる野原のような庭と
自在につながる小さなアトリエ付き住居。
太陽の動きとともに心地良い場所を探しながら
愛犬とのんびり暮らす。

少し高くなっているダイニングから、リビング越しに庭を見下ろす。窓を全部壁の戸袋に引き込むと庭との一体感が強まる。

「型にはまったような庭より、自然な感じの庭が好き」という清香さん。種や小さな苗木から育てた植物が茂り、ワイルドなイメージに仕上がりつつある。沖縄産の石を敷いたテラスでは、これから植える苗がスタンバイ。

屋根や軒の高さを極力抑え、水平ラインを美しく見せている外観。一つひとつの窓も慎重にデザインされている。外壁はレッドシダーの下見板張りで、植物の色が映えるよう黒く塗装した。

右／フラワーアレンジメントの看板を、庭側の入り口にひっそりと掛けて。左／庭に自然な雰囲気が出るように、種がこぼれて勝手に殖えていく植物を選んでいる。

ダイニングの窓も、壁に引き込めるつくりとし、小さな空間でうるさく感じないよう、窓枠も細く。直径90cm円卓はぴったりのサイズで、2人はここに腰掛けて過ごす時間が長い。

上／天井の一番低いところは2mと少ししかないが、空間の巧みな操作で視線や感覚がコントロールされているため、狭さや息苦しさがない。右／限られた面積を無駄なく使って床の段差と組み合わせ、動線のじゃまにならないように、ぴったり収まるソファを造作した。

リビングから2段上がってダイニング、右奥がキッチン。ステップのそばに手を添えられる丸柱を立てたのは、安心感をつくる建築家の心遣い。

アトリエは、玄関からつながる土間スペースで、玄関から靴のまま庭へと抜けられる。壁を一面だけ板張りにしてぬくもりを添えたことで、モルタル床の硬い印象が和らいでいる。

上／「コーヒー、紅茶、日本茶、どれがいい?」と尋ねてから丁寧に淹れ始める聡志さん。小柄な清香さんの体に合わせてつくられた造作キッチンは、コンパクトだが機能がギュッと凝縮されていて使いやすい。右／キッチンとリビングを隔てる造作の背面収納は下が引き出し式で食器がたくさん入る。

CASE NO. 9

石井さんの平屋

敷地面積：208.22㎡ 竣工：2016年

延床面積：72.04㎡

家族構成：夫婦＋犬

設計：前原香介建築設計事務所

施工：片岡建設

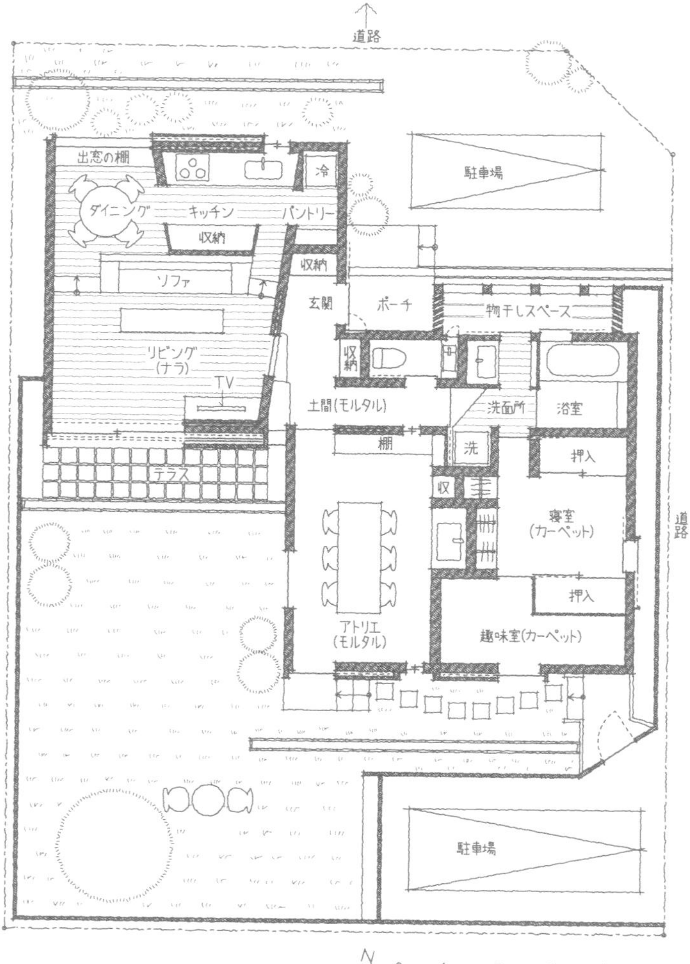

小さいからこそ無駄なく勝手良く心地よい暮らし

「私は農家の出身で、身近に自然がないと息苦しくなってしまうんです」。そう話すのは妻の清香さん。愛犬が走り回れてガーデニングができる、広い庭付きの家を手に入れた。外房線のとある駅から徒歩圏内の平凡な住宅地で、土地に張り付くような黒い外壁の平屋は個性的に見える。

木製の玄関扉を横に引いて中に入ると、モルタル塗りの通り土間が奥へと続く。縁側風の場所で靴を脱いでリビングに上がると、造り付けのソファとその向こうの数段高くなったダイニングスペースが目に入る。左手の掃き出し窓に視線を移すと、道路からは板塀に囲まれて見えなかった庭が、初めて視界に広がった。夫の聡志さんがリビングの窓をすべて戸袋に引きこむと、12歳になった愛犬ユズが年齢を感じさせない快活さで部屋と庭とを行き来する。「この子とずっと一緒にいたくて、家で仕事をしようと思ったことも家づくりの後押しになりました」と清香さんは目を細める。

夫妻とユズのために建てられたこの小さな家は、3つのゾーンで構成されている。ひとつめはLDK。2つめは清香さんがフラワーアレンジメントの仕事を行うアトリエ、3つめは寝室と水まわりのプライベートゾーンだ。建築家の前原香介さんは、東と北を道路に接する角地に、大小2つの正方形を組み合わせるかたちで

軒先に雨樋を付けていないため、地面の溝に砂利を詰めて落ちる雨水を受け止め、下水に流している。

建物を配置した。正方形を南北に少しずらすことで、前後に2カ所の駐車スペースを確保し、南西の角に囲まれた庭ができる。こうすれば、リビングからもアトリエからも庭へのアプローチがスムーズで、庭が道路からの視線にさらされることもない。

　清香さんは日中、アトリエでフラワーアレンジの仕事をしたり、庭の手入れをして過ごす。「庭にいてもまわりの目線が気にならないので、静かな気持ちで過ごせるのがありがたいです」。合間にはユズと散歩に出かけ、帰るとユズはしばらく庭でクールダウン。それに付き合って外のテーブルでお茶を飲んだり、寝ているユズの横で庭の手入れをするのが至福のひとときだ。家に上がるときは、靴のままモルタル床のアトリエに入り、足を拭いてやるのが決まり。そのまましばらくアトリエで過ごすこともある。アトリエは、庭いじりの途中で長靴のままひと休みすることもできて便利。実家から泥付き野菜が送られてきたときも、アトリエに置けば気にならず、人を招いたときにはここが応接間の代わりにもなる。

　16畳ほどのコンパクトなLDKは、造り付けのソファでリビングとDKに区切られ、敢えて段差が設けられている。そして、庭に向かって絞り込む壁の角度や天井の傾斜が、窓の外へと巧みに視線を誘導する。小さなキッチンには回遊できる動線やパントリーをつくることで、使い勝手も満足なものになった。窓辺のダイニングは2人にジャストなサイズで、一度座ると動きたくなくなる

右／極限まで細くデザインされた窓枠が、繊細さを感じさせる。左／引戸の手掛部分は木製に。埋め込まれた真鍮の鍵は、日々触れることで腐食して深みのある色に育っていく。

ような安心感がある。
「面積は72㎡で、前に住んでいたアパートと変わらないんですが、住みやすさが断然違います。この狭さが私にはすごく心地良くて。お掃除もすぐ終わっちゃうし、物があるとじゃまだから片付けよう、となるし。家が大きかったらあれも欲しいこれも欲しいとなるのでしょうけど、無駄なものを持つのはやめようと思えるようになりました」（清香さん）。

　ゼロからつくり上げた庭にはハーブや草花が野放図に茂り、自然のままの草原にいるような気分にさせる。「自分の好きに、ちょっとずつ成長させていけたらいいなぁと思って。最初は砂地だったので、夫に手伝ってもらって土も入れ替えたんです」。清香さんが植えるのは、どれも小さな苗木ばかり。草花は、こぼれ種で勝手に殖えていくような手のかからないものを選ぶのだとか。
「種を採ってガーデニング仲間とシェアするのも楽しいですね」と清香さんが微笑むと、「たった2年でここまで繁茂したんだから、そのうちジャングルになるんじゃないか、不安だよ」と聡志さんがからかう。
「この家には、居心地のいい場所がたくさんあるんですよ。太陽の動きに沿って朝はアトリエ、午後はリビング、と移動しながら過ごすのも楽しくて」（清香さん）。休日の午後、聡志さんが丁寧に淹れるコーヒーが香ってきた。さて、今日はどこで飲もうか。

右／聡志さんがどうしても欲しかった音楽を楽しむための趣味室。寝室とともに、床はサイザル麻カーペット敷き。左側に見える建具は雨戸兼網戸。左／寝るだけのスペースである寝室は、窓も小さく。場所をふさぐベッドは置かず、布団に。

上／愛犬ユズはパピヨンとミニチュアシュナウザーのミックスで、13歳。子犬のように活発で、家と庭を自由に走り回って、夫妻の元気と笑いの源に。オリジナルで製作した雨戸兼網戸は、明るさを抑えたいときのブラインド代わりにもなる。下／アトリエの入り口にはガラスの引戸をつけた。細い桟がデリケートな陰影を生む。

廊下の一角に備え付けられた違い棚には、清香さんの自作のオブジェや花、鉢植えを飾って。白壁をバックに、スリット窓からの光が飾られたものを浮かび上がらせる。

CASE NO. **10**

20坪の住まいにアトリエを構える。商店街の中に建つ再スタートの場所

故郷にUターンし第二の人生をスタートさせた中山さん夫妻。
商店街から一歩敷地内に入れば、静謐《せいひつ》な空気感に切り替わる。
住居とアトリエ、通路状のキッチンで囲んだ中庭が
四季の移り変わりや空模様の変化を見せてくれるとともに、
床面積20坪の小さな家に広がりを生み出している。

中庭に面したキッチンの窓辺でコーヒー豆を挽く。シンボルツリーにはゆっくりなアオダモを選んだ。芽吹きや花、落葉で四季の変化を感じさせてくれる。

リビングから中庭の向こうにアトリエが見える。ガラス張りのアトリエは床がモルタルで、より中庭との連続感が強い。左側、キッチンのガラス窓はFIXで、通風用の開口部はその下にある。

LDは床の一部をライムストーン貼りにして、靴を脱ぐスペースに。「玄関は不要」と穂垣さんに伝えると、こういうかたちに。「床に段差がないのでとても楽」（妻）。

上／夫は今でもデザインの仕事を少しずつ続けている。ジャズやクラシックなど、音楽を部屋いっぱいに響かせながらパソコンに向かう。下／ダイニングの左側がボックス状のサニタリー。天井の高さを利用して上部はロフト収納に。季節外の寝具などを載せている。

CASE NO. **10**

中山さんの平屋

敷地面積：132.12㎡　竣工：2017年

延床面積：67.46㎡

家族構成：夫婦

設計：くらし設計室

施工：ホーム

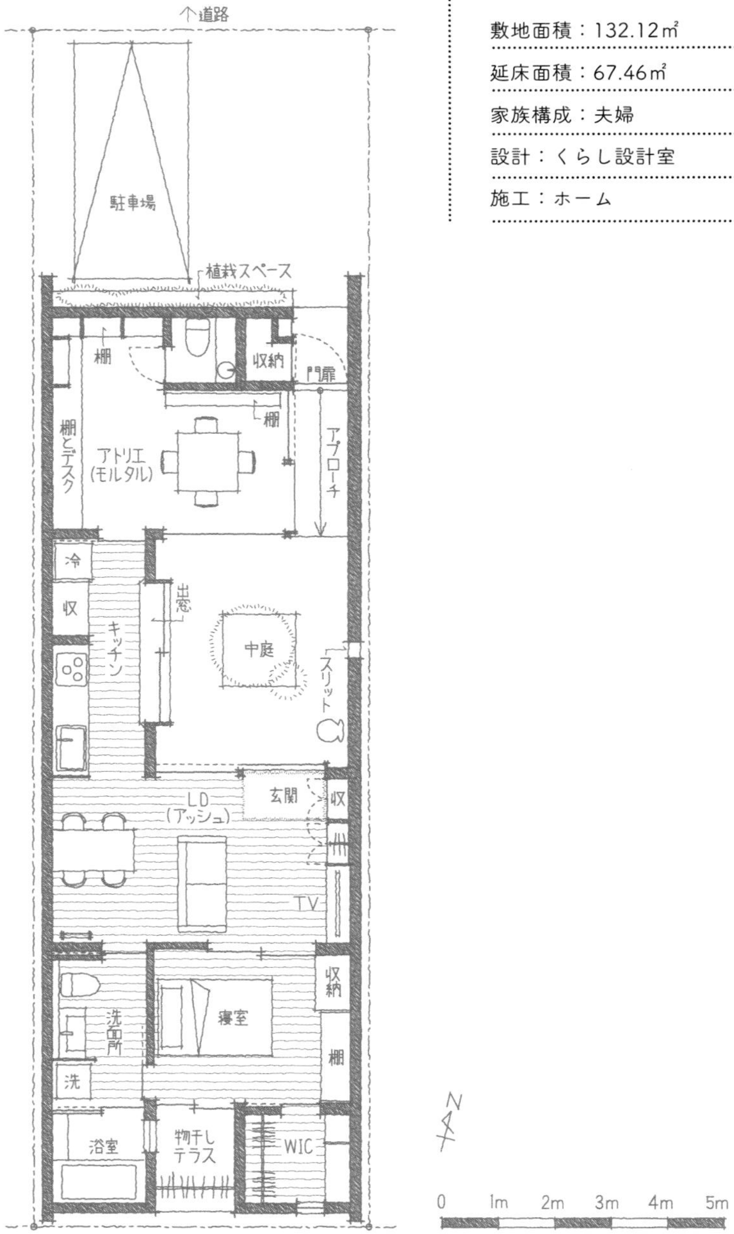

門扉を開けて中庭を見通したところ。正面のガラス窓が住居への入り口だが、来客には右手前のアトリエに直接入ってもらうことも多い。

木と空を見上げ大好きな音楽とコーヒーを愉しむ

「僕らは欲張りで、便利なところに住みたいくせに静かな環境も欲しい。穂垣さんの設計のおかげで両方手に入れられましたね。とにかく居心地がいいですから、気がつけば一日じゅう家で過ごしています」。

お城が間近に迫る新幹線福山駅から歩いても数分の商店街に、中山さん夫妻が暮らす家はある。東京で夫は広告デザイナーとして、妻はファッション学校の職員として忙しい日々を送ったが、60歳になったのを機にふたりとも仕事から離れ、夫妻の故郷である福山に戻る道を選んだ。22年前に東京・吉祥寺に建てた最初の家は、1階に夫のオフィスを併設した3階建てだったが、二度目のこの家は平屋だ。理由は、足に不自由を感じ始めた妻が楽に暮らせる、緑と空に近い住まいを求めたから。それらはどちらも東京では得られなかったものだ。

商店街を住処として選んだのは、大きな駅から近く徒歩圏で生活まわりが完結できる便利さや、すぐそばに図書館がある環境が吉祥寺の家に似ていたから。「この辺りもだんだんとシャッターを閉める店が増えてきているのですが、こんな便利な場所に人が住まないなんて、もったいないないですよ」という夫。地元の人とは違った角度から見ると、地方都市の商店街は宝の山になる。

右／1.5階分ほどの高さで商店街の環境に合わせた外観。外壁はピーラーの板張り。左／門扉の上を開放することで中庭の緑や灯りが外からちらりと見え、生活のぬくもりが商店街に漏れ出す。

設計は、福山の街の雰囲気をよく知る広島の建築家・穂垣《ほがき》友康さん・貴子さん夫妻に任せた。「商店街の中に建つ住宅としての在り方に気を使った」という穂垣さん。「まわりの景観と合うことでその家が良く見えたり街が良く見えたりと、街と家は強く影響を与え合います。平屋でも屋根の高さを1.5階分くらいに高くしているのは、商店街のスケールに合わせたから。商業施設のようにも見え、灯かりの漏れ方で住宅らしさも匂わせています」。

通りからは玄関のように見えるドアは、中庭に通じる門扉だ。高い塀で商店街の猥雑さを退けた中庭には、別世界のような静けさが漂う。ガラス張りのアトリエやシンボルツリーの横を通って奥へ進むと、初めて住居の入り口にたどり着く。

「にぎやかな商店街に対して、住まいは心が穏やかになるような場所であって欲しかった」と穂垣さん。漆喰と木、モルタルとガラスで構成された室内。隅々にまで行き渡る微かな緊張感が、夫妻がまとうおしゃれな雰囲気にピタリと合っている。

夫は穂垣さんに自分たちの好きな色やインテリア、果てはコーヒーカップの写真まで、膨大な資料を送ったという。「穂垣さんは辟易としているんじゃないかなと思いましたが、好きなモノは好きなんだから送っちゃえ!という感じで(笑)」。しかしその甲斐もあって、センスのいい家具や雑貨の映えるインテリアになった。夫妻が以前から使っていたチェリー材の家具の赤茶色に合わ

右/玄関から通りへの見通し。住居部分から通りまでの距離がプライベート感を高めている。左/キッチンは窓辺から中庭の緑を眺められる気持ちの良い場所。

せ、梁や窓枠は米マツに。コテむらをつけた漆喰の壁・天井との相乗効果で、シャープなデザインの中に暖かみが備わった。
「窓は全部中庭に開いて、カーテンのいらない家にしてとオーダーしました。想像以上に実現してもらえて、小さい家だけど大きく感じます」と妻。住居とアトリエは中庭を挟んで向かい合い、室内と庭とが混沌と混ざり合う開放的な空間になっている。そこには、20坪しかない床面積に奥行き感をプラスすることで、窮屈さを感じさせまいとする建築家の設計意図が見える。「最初の頃は部屋の中にいても外にいるような、不思議な感じでした」(夫)。
実は夫妻が思い描いたのは、アトリエをはなれとして完全に切り離したかたちだった。穂垣さんは当初そのイメージに添って設計を進めたが、アトリエをはなれにすることで生じる無駄や不便さに、お互いしっくりこないものを感じ始めた。そこで穂垣さんが繰り出したのは、キッチンの機能をもたせた渡り廊下で、住居とアトリエをつなぐアイデア。「自分たちの発想にはまったくなかったのでびっくりして。でもすぐ腑に落ちて、これだ!と」(夫)。
長年職場に通勤していた妻と家が職場だった夫が、この家でずっと一緒にいる生活が始まり2年が経った。日中夫はアトリエ、妻はリビングで過ごすことが多く、渡り廊下を挟んだ「この距離感が大事」と笑う二人。この家に満ちる穏やかな空気の中で、付かず離れずの時を愉しんでいる。

右/小さな家だが、トイレは住居とアトリエ双方につくった。写真はアトリエのトイレで、天窓から採光している。中/住居ではトイレ・洗面・脱衣をワンルームに収め、スペースにゆとりをもたせた。将来万一車椅子を使用する場合も安心だ。左/サニタリーとLDに隣接する寝室。コンパクトで無駄のない間取りが快適な暮らしをつくる。

アトリエ側からキッチンを通してダイニングを見る。キッチンの天井高は2.3mと一般的な寸法で、かなり天井を高くした住居・アトリエとのメリハリが小気味良い。

上／モルタルの土間で住居とは雰囲気を変えたアトリエ。イギリスアンティークのエクステンションテーブルは、長年愛用しているもの。下右／夫が淹れたコーヒーでティータイムを。「お茶係は夫。家のことをいろいろやってくれるから助かります」と妻はうれしそう。下左／キッチンの窓辺にはコーヒー小物を並べて。

キッチンの窓から見た中庭。準防火地域で木製建具を使うにあたり、近隣からの延焼を避けるための壁を設けた。左上に開けられたスリットの効果で、囲まれた庭の閉塞感が和いでいる。

CASE NO. 11

手に入れた憧れの薪ストーブライフ。自然とつながりおおらかに暮らす

やぶに閉ざされた斜面を切り拓いて建てたのは、
木々に囲まれた庭に開く家。
低い床で高さをそろえた室内とテラスを
するすると行き来する伸びやかさが快い。
無国籍な雑貨が発する気楽さには自由の感覚が溢れている。

CASE NO. **11**

Aさんの平屋

敷地面積：616㎡　竣工：2017年

延床面積：94.4㎡

家族構成：夫婦＋子ども3人＋犬2匹

設計：木々設計室

施工：堀井工務店

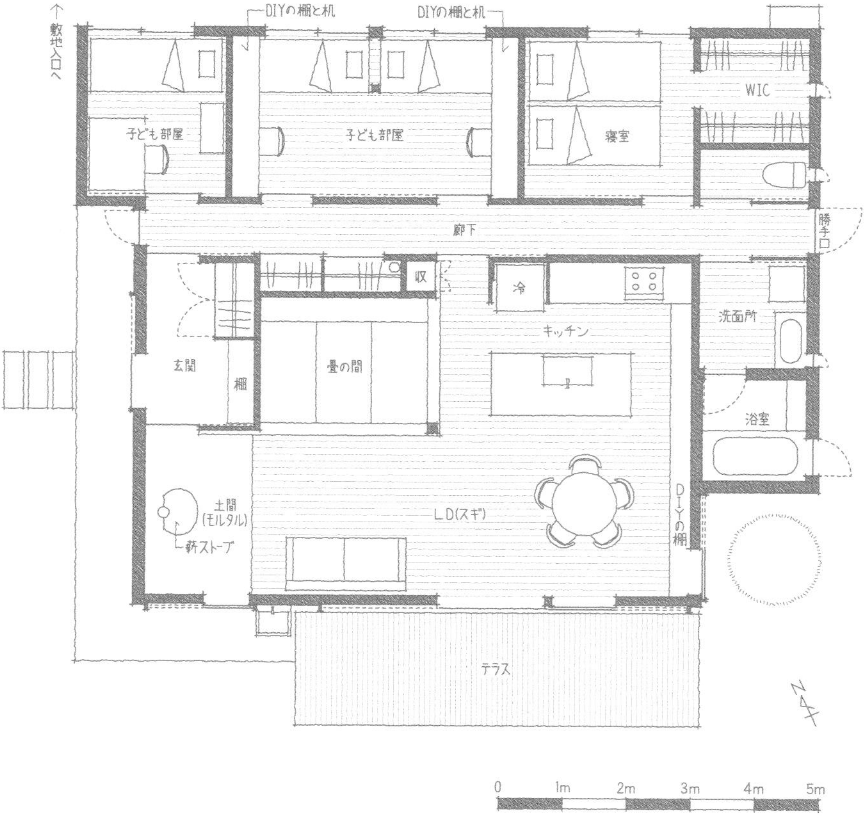

テラスと室内がなだらかにつながる。窓を開け放って外と内を自在に行き来すれば、テラスが部屋の延長に。テラスは DIY が得意な夫の手づくり。

リビングの一部は床がコンクリートの薪ストーブスペース。ぽってりしたデザインに愛嬌がある薪ストーブは、イエルカ・ワインさんの「どんぐり」。右奥が玄関へと続く。

円卓を囲むダイニング。夫が製作した窓際の棚にはインテリアの雑誌や書籍がぎっしり。チェアは、イギリス・アーコールのアンティークなど、華奢な姿のものでそろえて。

上・左／国籍も色も様々な雑貨が織り成すひとつのワールド。「モノが大好き」という妻の、楽しんでいる様子が垣間見える。

さりげなく置かれた生活用品はそれぞれに個性があり、一見バラバラにも見えるが、素材感や色が調和を醸し出している。

古道具やＤＩＹ
整え過ぎない部屋に
ぬくもりが宿る

大きな樹木が点在する南向きの広い斜面一帯が、Ｔさんの所有地。敷地の入口に立つと、下の方に平屋が見える。ここではＴさん夫妻と３人の子どもたち、２匹のトイプードルがにぎやかに暮らしている。

「どうしても新しい家を建てたいとか、そういう感じでもなかったんですけどね」という妻。実は以前、気に入った中古住宅を見つけて購入寸前までいったが、タッチの差で他の人に買われてしまったことがあった。それが惜しまれて、買えないなら建てようか、という流れになった。

　この土地の存在は知人経由で知っていたが、売りに出されているかどうかは不明だった。そこで不動産会社に依頼して所有者を探し訪ねていくと、ちょうど売りに出すための書類を書き終わったタイミングだったという。不動産の売買には、「縁」という言葉を思い起こさせるエピソードがつきものだ。

　一家はそれまでいくつかの借家に住んだが、その多くが平屋で、広い庭と室内とを自由に行き来する暮らし方が身についていた。そのスタイルを踏襲しつつ、借家ではできなかった薪ストーブのある暮らしも実現したいと願った。建築家探しは、「薪ストーブ」

リビングにある３畳の畳コーナーは、高校生の頃かるた部だった娘のためにつくった。畳、ハンモック、ソファと、くつろぐ場所には事欠かない。

を検索ワードにしたネットサーフィンで。最初に行き当たった建築家・松原正明さんに迷いもなく会いに行き、「実はこんな土地を買ったんですけど……」と相談を持ちかけた。

Tさんは平屋を希望したが、最初に松原さんから出てきたプランは予想外の2階建て。「平屋の方が安く建てられると思い込んでいたんですが、違ったんですね。提示した予算では平屋は難しかったようで」と、そのときのことを思い返す妻。松原さんは経緯をこう話す。「平屋は同面積の2階建てと比べて基礎や屋根の面積が大きいので、建設コストが高くなるケースが多いんです。それにここは、敷地は広いが平らな場所が少なくて、基礎が斜面にかかってしまう。すると造成が必要になり、さらにコストを押し上げるだろうと予測しました」。

Tさんは平屋の暮らしを実現するために、予算の上乗せを受け入れた上で、DIYによるコスト削減を目指すことに。松原さんは、Tさん一家が外とつながりながら暮らしていた借家での様子を思い出しつつ、それが自然に続けられる平屋を計画した。

間取りは2つの床レベルで構成。玄関からLDKまでほぼフラットに続く床は、そのままなだらかにテラスから庭へとつながる。庭と室内の連続感が強いのは、目線が低いためもあるのだろう。LDKや玄関のある南側のパブリックゾーンと、寝室や子ども部屋がある北側のプライベートゾーンを明確に分け、間に緩衝

右／土間から玄関を見る。生活感溢れる室内に、無造作に置かれた雑貨が絵になるのは、一つひとつのモノ選びに気が行き届いているからなのだろう。左／キッチンのカラフルな調理器具は、料理をするときの気分を上向かせる。

帯としての廊下を挟む。廊下から奥は床の高いゾーンで、外から少し距離を感じる落ち着いた空間だ。

リビングの一角につくったコンクリート床のスペースには、念願だった大きな薪ストーブを据えた。玄関に近く、南庭への掃き出し窓もあるから薪の運搬や灰の始末もしやすい。ストーブのまわりが汚れたらサッと外に掃き出せるのも便利で、自らも薪ストーブを使う松原さんらしい、実用的な間取りになっている。

自然素材の室内を、かつて古道具店を営んでいたという妻の目線で選ばれたものが彩る。家具や敷物、カゴなど、何気なく置かれたものにも来歴を問いたくなるような味わいがあり、雑然とした中に調和を見せるインテリアには、ほっとするようなくつろぎ感が漂う。コスト削減のためのＤＩＹは、外壁の塗装、デッキの製作、外構工事など、広範囲かつ多岐に渡った。ものづくりが得意な夫の力によるところが大きく、手仕事の痕跡もまた、間違いなくこの家のキャラクターとして溶け込んでいる。

ラグビーを習う長男と次男は、近くのグランドでの練習を終えると、仲間たちを引き連れて帰宅。テラスはしばしばバーベキュー会場に。ワールドカップ日本開催時には、パブリックビューイングとなり盛り上がった。住まいのかたちが、一家のおおらかな人柄とリンクしてウエルカムなムードを発するＴ邸。心理的にも「敷居の低さ」を感じさせるチャーミングな家だ。

右／子ども部屋の壁は下地として張った石膏ボードのまま。好き勝手に壁を飾れるからかえって都合がいい。デスクや棚、ロフトへのはしごは夫のDIY。左／寝室の壁は和紙貼りに。家中で様々なカゴが多用されている。

家と庭を区別なく走り回る２匹のトイプードルの内、３歳の「ウミ」は保護団体から引き取った。掃き出し窓のレールを見せないように、敷居を床面より下げる隠し框の手法。

購入した当初、敷地内は鬱蒼《うっそう》と草木の茂るやぶだった。ポイントになる樹木を残して、重機が入れる道をつくるところからスタートした。

右／外壁の板の塗装は自分たちで行なった。「そんなに大変じゃありませんでしたよ」とあくまで軽やかな妻。左／コンクリート床の玄関土間には、木製の引戸で出入りする。

住宅街からすぐの場所だが、ここは森に囲まれた別世界の様相。玄関へとつながるアプローチの敷石もDIYで、並べ方がしゃれている。

CASE NO. 12

手触り足触りが気持ちいい。木の素朴さを抑えたモダンなあしらい

地方都市に広く明るい土地を求め、夫婦2人の平屋を建てた。
漆喰とスギでつくられたピュアでモダンな空間は
前と後ろに広がる緑と、暮らしのシーンを美しく見せる。
静かに流れるたっぷりの時間を、
ソファから庭を眺め、美味しいワインと会話で満たす。

縁側でくつろぐHさん夫妻。縁側を支える脚のスパンを長くしてスッキリ見せるため、たわみやすい板ではなく6cmの角材を並べた。天井から軒まで垂木が連続しているように見せることで、内と外の境界を曖昧にしている。

天井に細めの垂木を通常の2/3の幅で多く入れているのは、「天井を面として見せたい」という長谷さんの考えから。ローキャビネットとコーヒーテーブルは、地元静岡の北欧家具ショップ「クラフトコンサート」で購入。テレビは置かず、ソファは庭向きに配置した。

上／垂木下までの高さ約2.25mと低めの天井は、椅子に腰掛けるとほどよく感じられる。垂木の流れに沿って、視線をダイニングの窓へと誘導。窓枠を見せない「隠し框《かまち》」でシャープなフレームをつくり、裏庭の緑を切り取る。長谷さんがデザインしたダイニングテーブルにデンマーク製のチェアを合わせた。下／日当たり良く開放的な芝生の庭。敷地が道路から高くなっているため、低めの板塀で囲めば人目が気にならない。

上／玄関の木製引戸には、室内の床と同じスギの柾目材を使用。下／アプローチ空間を広げるため玄関前のポーチに積んだ石垣は、斜面のワイルドな雰囲気に吊り合う存在感。

フラットな屋根、横に連続する窓がモダンな北側の外観。白い外壁は漆喰仕上げ。両脇の壁はスギの縁甲板張りで、節の多い材を保護塗料で黒く染色している。

CASE NO. **12**

Hさんの平屋

敷地面積：440.55㎡　竣工：2019年

延床面積：86.95㎡

家族構成：夫婦

設計：長谷守保建築計画

施工：Kiitos

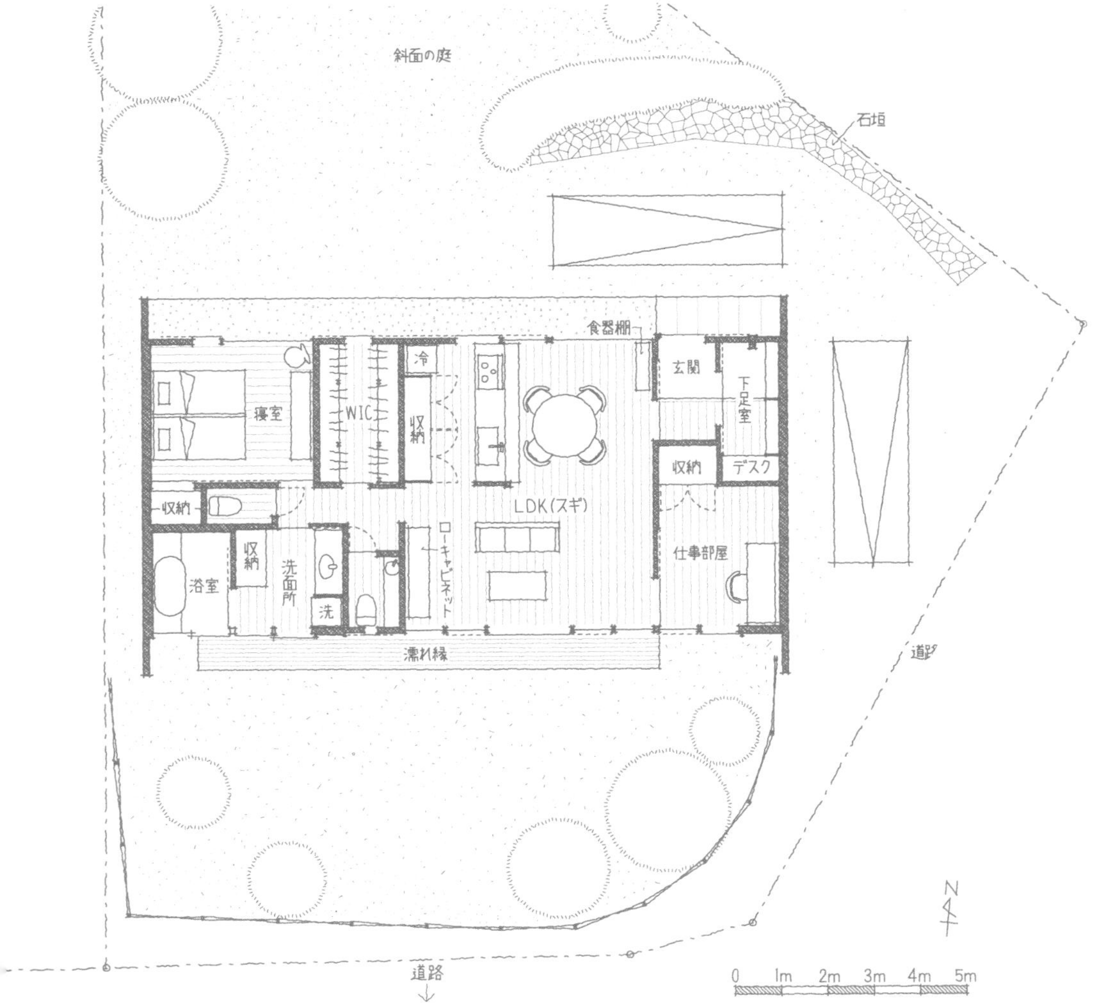

スリッパもテレビもいらない。家が暮らしを変える

「まさか、自分たちが家を建てるなんて思っていなかったんですけどね」。Hさん夫妻が新居に引っ越したのは、わずか数カ月前。玄関を開けた瞬間、訪れた人を包み込むスギの爽やかな香りが、建物の若々しさを象徴している。しかし室内に浮き足立った様子がないのは、漆喰の壁や木の床など素材の力だろうか。シンプルな空間に北欧製の家具が馴染み、親しみやすさを添えている。

結婚後はずっと賃貸マンションで暮らしていたという夫妻。30代も半ばにさしかかり、毎月家賃を払い続けるくらいなら、購入して腰を落ち着けようという流れになった。「何の疑問も持たずにマンションを買おうと見に行ったんですが、何か違和感があって」と夫。建築家の長谷守保さんとは、ワインの趣味を共通項にした付き合い。長谷さんが建築家であることは知っていたが、家を建てたり、設計をしてもらうといった話題は皆無のまま7〜8年が過ぎていた。「自分たちの住みたい家って、どんな家？と真剣に考え始めたとき、それまで何度も遊びに行っていた長谷さんの自邸が思い浮かびました」（妻）。「何度かオープンハウスにもうかがって、やっぱり木の家の方が落ち着くなと思うようになっていったんです。相談してみたら『え、建てるの?!』とびっくりされ

編み籠のようにも見える曲面の板塀は、アルミの柱にスギ板を互い違いに留め付けたもの。長谷さんが考案したシンプルで効果的なつくり方。

て（笑）。ざっくりと見積もりをしてもらうと、意外にも街なかの新築マンションと同じくらいの金額。それで、自分たちにも建てられるんじゃないか、と一気に現実味を帯びました」（夫）。

相談しつつ見つけた土地は東南の角地で、南に下る緩い傾斜がある。日当たりや風通しが良く、「坂の途中に住んでみたかった」という夫の理想も実現。駅からのアクセスも良い好立地だ。「地方都市のメリットは、地価があまり高くないこと。せっかくなので、庭付きの平屋を提案しました。ここは南側道路で開けていて、抜け感が気持ち良かった」（長谷さん）。

北側斜面に鋭角部分をもつ不正形の敷地を、横長の建物で南北に分割し、南側に平らな芝の庭をつくった。リビングの大きな窓からは芝生の庭が、ダイニングの腰高窓からは北斜面の緑が眺められる。天井の垂木が外の軒裏まで続いて見えるようにしたのは、中と外がきれいにつながる流れをつくるため。窓のフレームを見せない隠し框《かまち》の構造にして、額縁を細くすることですっきりと景色を切り取る。屋根には雨水の処理のためわずかな勾配を付けているが、天井はあえて水平面に。垂木下までの高さが2・25mと抑え気味の天井に圧迫感を覚えそうなところだが、リズムよく並ぶ垂木と床の板目をそろえて窓方向へと視線を誘導することで、開放感を与えつつほどよい緊張感が備わった。勾配天井を避けたことは、木造らしさを「脱色」してよりシンプルかつモダン

右／長身の妻に高さを合わせたキッチン。換気扇フードが窓への視線を邪魔しないように、壁に引き込んで排気する機構を独自につくった。左／靴を磨くのが趣味という夫のために、玄関横のクローク内に小さな作業台を造作。

にする目的も。その思いは外観にも色濃く表れていて、薄い軒先がシャープな水平ラインを描く箱型は、ガラスとコンクリートでつくられたミッドセンチュリーのモダン住宅に通じるものがある。

床や垂木など、室内にはスギの無垢材がふんだんに用いられているが、その存在感は軽やか。それは、柔らかな風合い以外の不要な主張が慎重に取り除かれているからだ。スギといえば「源平」と言われるように、赤味がかった部分と白っぽい部分の差が目立つ材だが、それが一切使われておらず色味が均一だ。長谷さんは普段から、付き合いのある製材会社に頼んで地元産の材を手に入れている。天然乾燥材だから脂分が失われず、艶がいいそうだ。「スギの※柾目材は簡単に入手できるものではないんです。床用に挽いてもらった材で、色や木目の状態が良くないものは外します。でも外壁材としてなら黒く染めれば問題ないので、無駄なく使いまわします」（長谷さん）。

柔らかくて暖かみのある床のおかげで、この家ではスリッパがいらなくなった。もうひとついらなくなったものは、テレビだ。ソファは庭に向かって置かれ、テレビ台にぴったりのローキャビネットには、毎年取り寄せる大好きな希少ワインの瓶を飾る。「夜はゆっくりワインを飲んで、おしゃべりして。ただボーッとする時間も大事だなと思うようになりました」と夫。住まいの質が高まると、時間の質も高まる。二人がそれを証明してくれている。

十和田石貼りの床にオーバル型の木の浴槽を置いた浴室。「お湯を落としたら拭いて風を通すだけでメンテナンスは楽。南向きのお風呂なので紫外線で殺菌され、耐久性のある材を用いているので15年以上はもつと思います」と長谷さん。夫は庭を眺めながら湯船に浸かっていると、つい時間を忘れてしまうことも。

※柾目材とは、まっすぐで並行の年輪が表れるように製材された板。丸太の中心付近からしか採れないので生産量が少ない。

右上／玄関クローク内にある郵便の受け取り口。右下／玄関引戸の横にインターフォンと郵便受けを組み入れたのは、隅々まで無骨さを見せたくない建築家の配慮。左上／寝室の壁には、リモコンやスマホのちょい置きにも便利なヘッドボードを取り付けた。左下／リビングのローキャビネットは大きく開けられて便利な両開きのシャッター扉。

寝室の窓も、FIX のガラス面と通風用の窓を役割分担させてすっきり見せる。無垢の木と漆喰塗りの壁で包まれた穏やかな空間が安眠を誘う。

CASE NO. 13

和と洋・新と旧が融け合う。環境にやさしいこれからの住まい

女性工務店経営者が女性建築家とタッグを組んで、
理想を投影した自邸は、
伝統的なデザイン要素を取り入れた空間に
最先端技術を組み合わせた高性能住宅。
木に囲まれる室内で庭の緑に親しみ、本能を満たす。

芝生の庭からリビングを
見る。テラスの下には
薪置き場を組み入れた。
左手の格子が、幹線道
路からプライベートな庭
への視線を遮っている。

ピクチャーウインドウから緑を眺めるリビング。ソファの他にもベンチ風の窓台や畳コーナーなど、リビングには座るところがたくさん。「人を呼んで映画の上映会などもできそうですね」と三尾さん。

上／玄関から畳コーナー越しにLDKを見る。収納の扉やキッチンの腰壁には木目を生かしたチェリーの突板をあしらった。右／薪ストーブのある玄関土間は、部屋のような感覚で使える広さ。

ダイニング横の掃き出し窓は、物干し用のテラスに続いている。仕事と家事の両立のため、家事動線を工夫した。

寝室と子ども部屋の間にある幅の広い廊下状の場所に、書棚とデスクを造作し共有のワークスペースに。デスク前は内窓にして寝室からの光を取り込み、広く見せる。

右上／小上がり状の畳コーナーの下は、引き出し式の収納に。右下／玄関ホールからワークスペースを見通す。来客時は個室のある西側半分を引戸で仕切りプライバシーを守ることが可能。左上／アイランドキッチンで動きやすい回遊動線をつくった。木質感の高い室内だが洗練されたイメージにまとまっている。左下／道路側にある寝室は、窓を絞り込んで静かな環境を確保。壁には消臭機能に優れた塗り壁材を使用した。

CASE NO. **13**

三尾さんの平屋

敷地面積：333.85㎡　竣工：2019年

延床面積：108.65㎡

家族構成：母＋子ども1人

設計：Mアトリエ一級建築事務所

施工：三光工務店

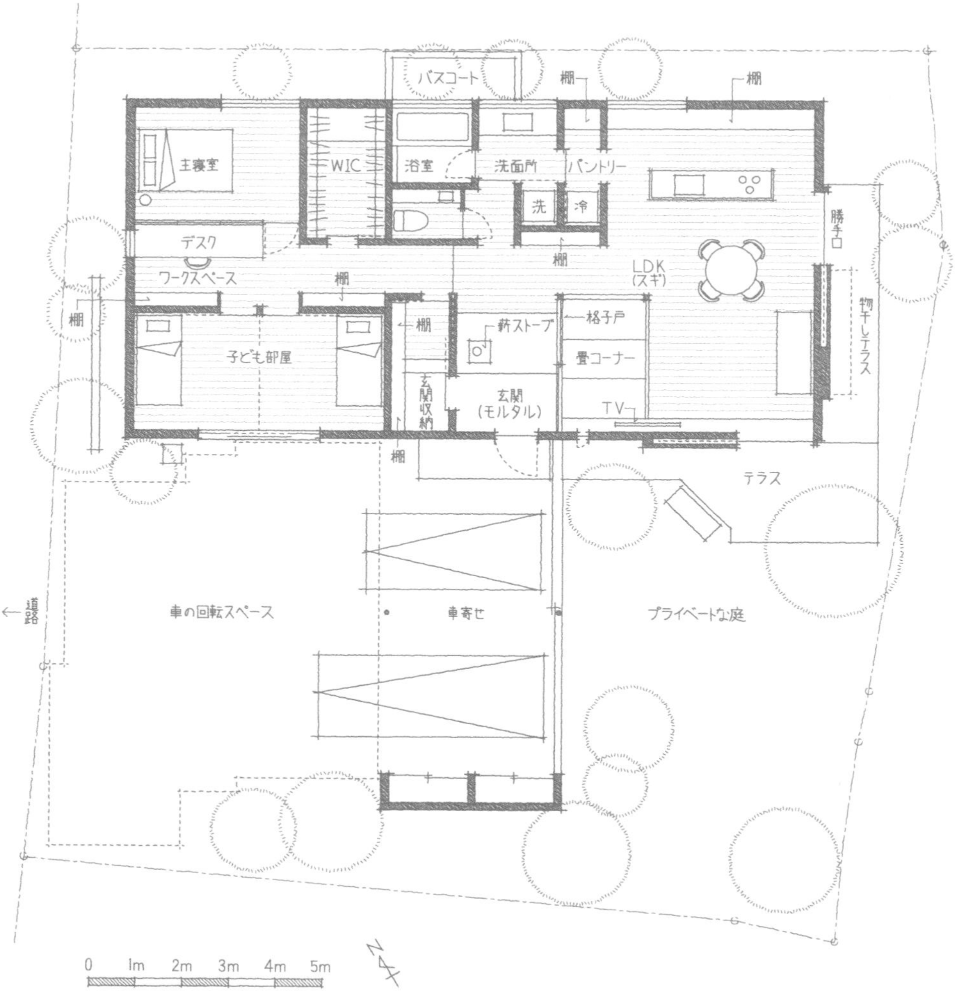

北欧、和、アウトドア…洗練と素朴さを掛け合わせる

「休日の朝は、まずテラスで庭を見ながらコーヒーを飲んでホッとします。夜は夜で、室内の照明を控えめにしてライトアップした庭を眺めるのが良いんですよ。友達を招くことも多く、外食することが少なくなりました」という三尾《みお》尚子さん。三尾さんは、国産材の使用や匠の技にこだわった家づくりを行う工務店の経営者。柔らかい雰囲気からは意外に映るが、アウトドア用品が積み込まれたジープを駆って仕事をこなす、アクティブな女性だ。これまで仕事で施主宅を訪ねると、古い家の2階が使われなくなっていることが多かった経験から、自宅には平屋を採用したという。

交通量の多い幹線道路沿いの立地だが、すぐ近くにある公園の緑が見えるのがここを気に入ったポイントだ。敷地内には道路からの車の出入りを考えた広い転回スペースがあり、車寄せを衝立て代わりにして、リビング前の庭のプライバシーを守っている。

設計を担当したのは岡村未来子さん。「これまでの設計事例を拝見したときに、岡村さんのシンプルなデザイン感覚が自分の中にすんなり入ってきました。使っている素材やすっきりした収まりなど、全体的に良いなと感じて。これからは家づくりの分野でも

車寄せにはアウトドア用品をしまう外物置をつくった。会社で販売している古建具を入れて、新旧の融合を表現。

女性が活躍できたらいいな、という思いもありお願いしました」（三尾さん）。

家づくりのコンセプトのひとつとして、「古いものと新しいもの」を融合させることを掲げた。伝統的な木造建築の手法を用いながら、断熱性の高い工法やサッシを採用するなど最先端の技術を採り入れ、快適性と省エネ性を実現。屋根には太陽光発電のパネルを搭載し、電力も自給する※ZEH仕様。昔ながらの天然素材を用いた健康的な家づくりを目指すことと、バリバリの省エネ住宅をつくることは、環境負荷を減らすという点でつながっている。

創業当初から無垢材の扱いを得意とする工務店だけあって、室内には木がふんだんにあしらわれている。和風にも洋風にも偏らない絶妙なバランス感覚は、岡村さんの得意とするところだ。ニッチやカウンターの天板には三尾さんが好むチェリー材をあしらい、床や天井には節のないスギを合わせた。スギ材は、丸太の芯の部分が赤く、周辺の部分が白いのが特徴で、色のばらつきが和風を感じさせる。そのため、赤い部分に沿わせるようにオイルで色を着けて色味を均質にし、和への偏りを回避した。

和洋の融合は、玄関まわりのつくりにも見られる。薪ストーブの置き場を兼ねた広い土間には、古民家の土間に通じるイメージが。土間に隣接させた小上がりの畳コーナーや格子戸は、町家のようにも見える。そこにアウトドア好きの三尾さんのセンスでハ

庭と車寄せを格子で仕切り、庭が道路から丸見えになるのを避け、プライベート感を高めた。

※ZEH：ネット・ゼロ・エネルギー・ハウスの略で「ゼッチ」と読む。建物の高い断熱性能による大幅な省エネルギーに加え、太陽光パネルなどで再生可能エネルギーを創り出し、年間に使用する電気やガスといった一次エネルギーの消費量の収支を、ゼロにすることを目指した住宅。

ンモックが添えられ、個性的なインテリアに仕上がった。
「冬は薪ストーブを焚いて畳コーナーにいると、本当に暖かくて居心地が良いんです。ハンモックはあっという間に息子に占領されてしまいました（笑）」。岡村さんは設計の意図をこう説明する。「断熱性の高い工法を採用した関係で、天井の高さが均一になってしまうのがデザイン的な課題でしたが、土間や小上がりを組み合わせることで空間に変化が生まれ、面白みを出すことができたと思います」。
ダイニングに置かれた北欧ヴィンテージの丸テーブルがこの家の中心。「元々このテーブルを入れたいと思っていたので、最初から設計に組み込んでもらいました」と三尾さん。かたわらに置かれたデイベッドは、デンマークのデザイナー、ボーエ・モーエンセンのもので、設計の初期段階で岡村さんと一緒に選んだ。ベンチ付きのピクチャーウインドウからは、庭の緑と道の向こうに公園の木が重なって見え、サッシを壁の戸袋に引込めば庭との豊かなつながりが生まれる。
夕暮れの中、手際よくホースで庭に水を撒く三尾さん。「一日の仕事が終わってホッとしながら、ビールを片手に庭の手入れをする時間が楽しいんです」。手入れが終わるとリビングの窓を開放し、涼やかな風の気持ちよさを味わう。「さあ、明日もがんばろう」。そんな気持ちにさせてくれるひとときだ。

大きな面積を占める車の回転スペースは、芝生とコンクリート板をストライプ状に組み合わせて目を楽しませる。地域の防災拠点にもなれるようにと、井戸を設置した。

庭から見るリビングの夕景。外壁は天然素材が原料の「そとん壁」とスギの縁甲板を取り合わせた。庭木の足元にガーデンライトを設置してライトアップすると、暗くなっても立体的な庭の景色を楽しめる。

快適に暮らせる平屋づくりのコツ

平屋には、家づくりの際に注意すべきポイントがある。快適な温熱環境にするための注意点や、暮らし方の幅が広がる間取りづくり、安全面の配慮などについて、建築家の松原正明さんに聞いた。

夏涼しく冬暖かい平屋はどうつくる？

平屋は2階建てよりも夏の暑さへの対策が必要です。屋根の面積が大きく日射による熱で室内が暑くなりやすいので、屋根の断熱は特に厚めにします。また、平屋は庭とのつながりが増える分、南面する掃き出し窓が多くなりがち。夏の室温上昇を防ぐには、窓外に軒や庇を設けて日差しをカットします。日射が当たるコンクリートのテラスは蓄熱してしまうため、ウッドテラスにするがベター。夏に木陰をつくってくれる落葉樹を庭に植えるのもおすすめです。水平に広がる平屋では中央部が暗くなりがちなため、トップライトや高窓などで自然の光や風を導くようにしますが、この場合も強い直射光の入る南面への設置には注意が必要です。逆に、冬は日射を積極的に暖房として利用したいところ。室内に陽が多く入るよう軒や庇の奥行きを調整します。奥行きは、季節ごとの太陽の角度から、ちょうどよい寸法を導き出せます。

平屋に適した暖房の方法として各部屋が床下でつながっていることを利用した「床下暖房」があります。床付近に設置した熱源により、基礎立ち上がり部分の床下空間に温風を送ってコンクリートに蓄熱し、建物全体をソフトに暖める方法。熱源には一般的なエアコンを利用することもできます。この場合、床下を断熱し気密性を高める施工が必須です。薪ストーブで全室暖房するなら、暖気を広く家全体に行き渡らせるのが快適性のカギ。部屋ごとの細かい仕切りを少なくしたり、欄間を設けて空間をつなげるなど、空気の循環を妨げないつくりが理想です。

エアコンの暖気で床下空間を暖めれば、床自体がほんのり温まって輻射熱暖房に。効率よく家全体を暖めることができ、風による暖房が苦手という人も快適に過ごせる。

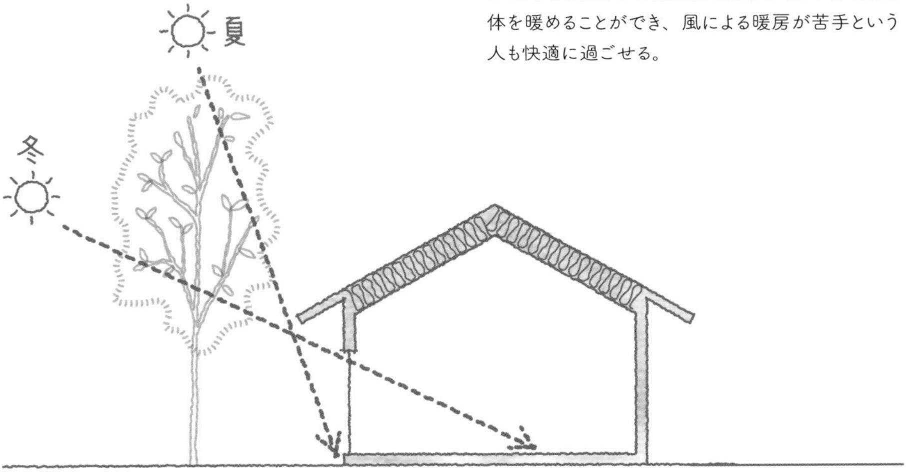

断熱は全体に厚く施した方がより良いが、平屋の場合、屋根は特に重視して。ほどよく庇を出す、庭に落葉樹を植えて木陰をつくるなども有効だ。

LDKと廊下の間に欄間をつくり、薪ストーブの暖気を行き渡らせる。右側の白いパイプは、上に溜まる暖気を吸って北側個室の床下に送る装置。（P158～171　T邸）

外とうまくつながる平屋にするには？

庭と生活空間の距離が近いのが平屋の特徴なので、室内と庭をうまくつなげることができれば、生活の場が外まで広がり、豊かな毎日を送ることができます。

現代の住宅は基礎が高いので、庭との距離感を縮めて身近な存在にするためには工夫が必要になります。

例えば昔ながらの濡れ縁は風情があっていいものです。深い軒や庇でカバーすれば、雨にも濡れず日差しで熱くなることを避けられます。濡れ縁より面積が広いウッドテラスにすれば、さらに用途が広がり、外にあるもうひとつの部屋として、家具を置いてくつろぐことも可能になります。濡れ縁やウッドテラスは、高さを室内の床とそろえておくと心理的なバリアが下がり、より活用しやすくなるでしょう。

庭との行き来をスムーズにするためには、室内に土間スペースを設けるのも有効な手法です。土間は薪ストーブやインドアグリーンの置き場所としても適していますし、ＤＩＹや自転車の修理など、汚れが気になる作業が室内にいながらできるのもいいところ。家でできることの幅を広げてくれます。

Ｔ邸（P158～171）では、リビングの床を低くして庭のレベルに近づけ、ウッドテラスを設置。部屋の延長として使え、泥などを部屋に入れないための緩衝帯としても機能する。

1台で家じゅうを暖めることができる薪ストーブと平屋は好相性。土間に設置する場合は、庭と玄関土間へのアクセスを良くしておくことをおすすめします。薪の運搬や灰の処理をするときの動線になって便利だからです。

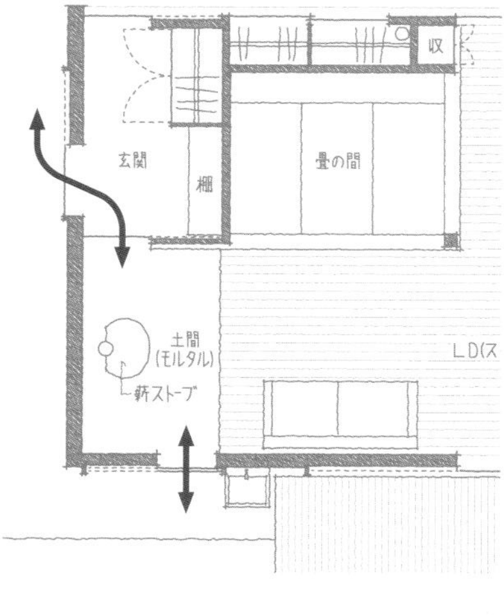

Ｔ邸では玄関土間と薪ストーブ用の土間が隣接し玄関から薪を運び入れるのが楽。土間から庭に通じる掃き出し窓から、こぼれた灰を簡単に庭に掃き出せるのも便利な点。

プライバシー・防犯性のある平屋にするには？

外部とのつながりやすさや水平方向への広がりをつくれるのが平屋のいいところですが、外部から侵入しやすい地上の開口部が多いことはリスクにもなります。背の高い塀などで囲えば外からの視線は防げますが、敷地内の様子がわからないことはかえって犯罪者に身を隠す場所を与えてしまうことにもなりかねません。

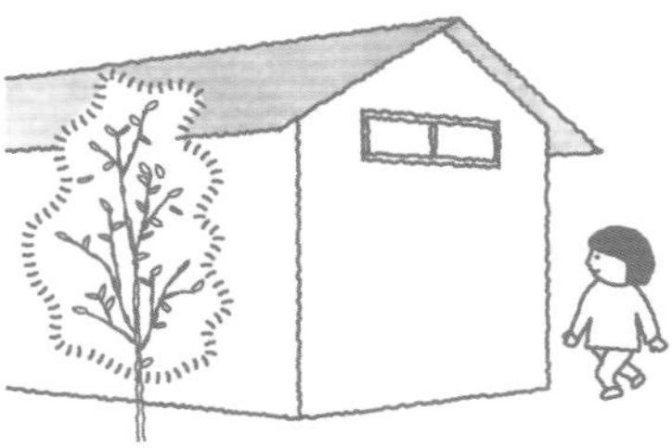

空き巣被害は、無施錠の次にガラスを割って入るケースが多い。大きな窓は防犯用の合わせガラスに、小さな窓は侵入しにくい高さに設け、頭が入らないサイズに。

　単純ですが、雨戸を設けることは夜間や長期の留守の場合も安心感が増す方法です。雨戸に通風用のガラリを付けておけば、防犯しながら風を入れられるので夏も冷房に頼りたくない人には便利です。

　雨戸は近年頻度を増している大型台風の際にも窓ガラスを守り、防災の役割も担ってくれます。

　窓の大きさや位置を慎重に検討すべきなのは、言うまでもありません。適切な大きさ・形状と設置場所の判断は、まわりの状況をよく把握するところから始まります。人通りの多い道に面している壁面には視線より高い位置に窓を付けるといったことだけでもだいぶ効果があります。

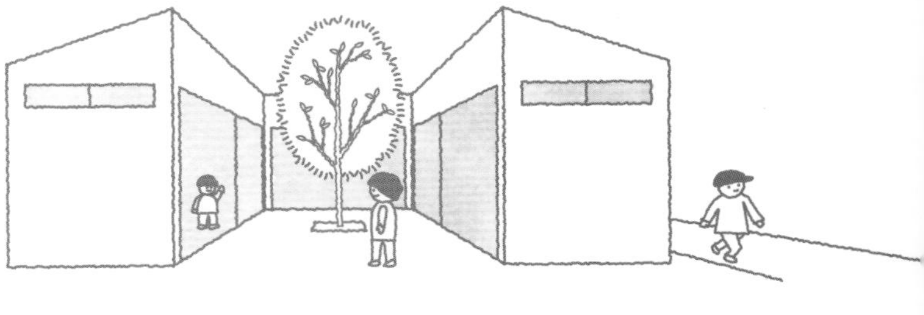

中庭向きに大開口を設ければ、カーテンなしで開け放しても外部からの視線が気になりにくい。中庭で過ごすときも人目が届かないので室内同様にリラックスできる。

　狙われやすいと思われる大きな窓には、防犯用のあわせガラスを採用します。小さい窓は頭が入らないサイズにしておけば侵入を防げて安心です。

　植栽やルーバーである程度周囲からの視線を遮ることはできますが、もっとも開放的に暮らせるのは中庭型の家だといえます。中庭にも日が入るので、防犯しながら快適な庭がつくれます。

終の住処として安心な平屋はどうつくる？

足腰が弱ってくる高齢期を過ごす家として、階段がなく生活がワンフロアで完結できる平屋は理にかなっています。いざとなってからの工事は負担になるので、最初から床はできるだけフラットにつくっておけば安心でしょう。

後のち車椅子にも対応できるように準備しておくことも心がけたいもの。廊下や水まわりにゆとりをもたせ、ドアではなく引戸を採用すると、開けたときにじゃまにならず移動が楽になります。

また、車を寄せられるスペースまで車椅子で移動することも想定し、経路を確保しておきましょう。通院や外部に介護を委託する際の外出がスムーズに行えます。外部にも段差はつくらずスロープにしておくと良いでしょう。

終の住処は、長く自立して暮らせるつくりであることが重要なポイントといえます。手摺の設置や伝い歩きしやすい単純な動線をつくり、部屋ごとの温度差を減らすことで体への負荷を小さくすることは、自立の期間を長引かせることにつながります。間取りとしては、水まわりと寝室を近くに配置しておくのが定石です。

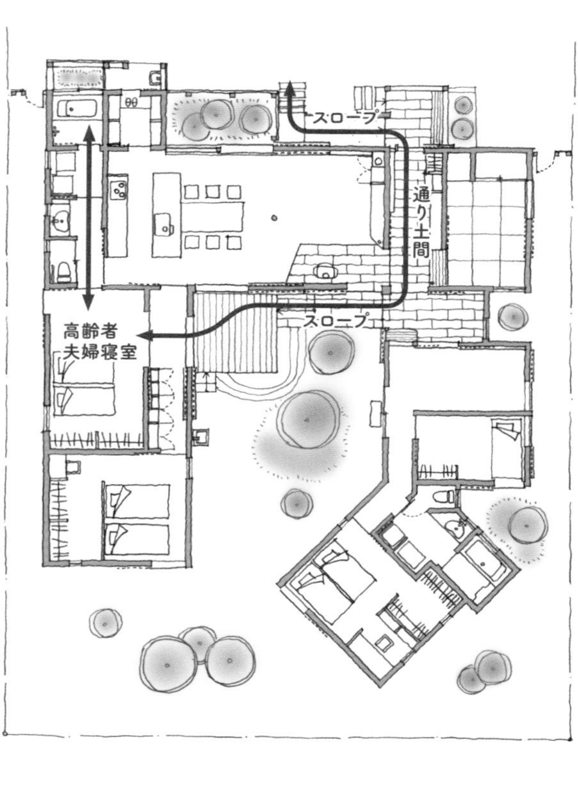

車椅子の動線を想定した間取りをつくる

高齢者夫婦の寝室から、庭を介して車寄せまで行ける動線を考慮した間取りの例。寝室から水まわりへも近く、動線がまっすぐなので移動しやすい。（設計・イラスト／木々設計室）

平屋は2階建てに比べて高い？ 安い？

平屋より2階建ての方が建設費が高そうなイメージがあるかもしれませんが、同面積の2階建てと平屋では、平屋の方が基礎と屋根の面積が大きくなるので、その分建設にかかるコストは高くなります。私の経験では延床面積30坪の家で比較すると、だいたい100万円くらいの差が出るといったところです。

しかし、住まいにかかるお金は建設時の初期投資だけではなく、メンテナンスなどのランニングコストも含め、トータルに考えてみる必要があります。

その点で平屋には2階建てにはない利点があります。例えば、やろうと思えば外壁や屋根の塗装など、簡単なメンテナンスを自分で行えるということ。努力次第ではありますが、メンテナンスにかかるコストは下げられるでしょう。

そもそも、軒や庇を適切に付けておくことで、外壁に雨がかかって傷むことを避けやすいので、メンテナンスの頻度を抑えることも可能です。同様の理由から、窓まわりも傷みにくいので、シーリングのやり替えや窓交換の頻度も下げることができると考えられます。

また、軒先に雨樋を付けずに雨水を処理する方法をとれば、将来交換に発生するコストを削減することができます。

補修にかかる費用は、1回分の差額は少なかったとしても、長く住み続けることで頻度の違いが積み重なると、最終的には大きく差がつくことになります。

高所作業が必要ない平屋なら、脚立を使って外壁の塗装を自分でも行える。屋根の勾配を緩やかにしておけば、屋根も自力塗装が可能だろう。

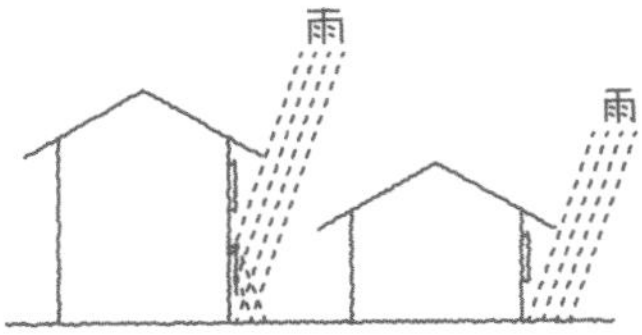

2階建ては平屋に比べて雨にさらされる外壁の面積が大きくなりがちで、傷みが進みやすいと考えられる。メンテナンスの頻度が高くなると、コストが多くかかる。

雨水を軒先から地面に落とす方法なら雨樋がいらず、将来交換にかかるコストが不要に。ただし、側溝を設けたり地面に浸透させたりする仕組みをつくっておくことは必要だ。

設計事務所一覧
（掲載順）

倉橋友行建築設計室
倉橋友行

愛知県岡崎市菅生町深沢 21-1
シャンボール岡崎 504
TEL:090-6586-1709
http://tk-ado.com

P56 有本さんの平屋

八島建築設計事務所
八島正年、八島夕子

神奈川県横浜市中区山手町 8-11-B1F
TEL:045-663-7155
http://www.yashima-arch.com

P10 有路さんの平屋

闡本丹青＋
平井政俊建築設計事務所
闡本丹青、平井政俊

東京都渋谷区猿楽町 6-7
モンプレ代官山 1F-A
TEL:03-5708-5806
http://mhaa.jp

P70 時田さんの平屋

CO2WORKS
中渡瀬拡司

愛知県名古屋市名東区代万町 3-10-1
dNb 3F
TEL:090-8322-4002
http://co2works.com

P28 林内さんの平屋

堀部安嗣建築設計事務所
堀部安嗣

東京都新宿区袋町 10-5-3F
TEL:03-5579-2818
https://horibe-aa.jp

P84 Oさんの平屋

岩瀬卓也建築設計事務所
岩瀬卓也

東京都新宿区箪笥町 18-3
コスモシティ市ヶ谷 203
TEL:03-6280-7174
http://www.ti-aa.com

P42 Fさんの平屋

木々設計室

松原正明＋樋口あや

東京都板橋区赤塚 5-16-39
TEL:03-3939-3551
https://www.kigisekkei.com

P158　Aさんの平屋

Koizumi Studio

小泉 誠

東京都国立市富士見台 2-2-5-104
TEL:042-574-1458
http://www.koizumi-studio.jp/?studio

P100　相羽さんの平屋

長谷守保建築計画

長谷守保

静岡県浜松市中区鹿谷町 12-2
TEL:053-482-7320
http://hase-a.com

P172　Hさんの平屋

横山浩之建築設計事務所

横山浩之

静岡県掛川市沖之須
TEL:0537-29-6628
yoco-a.com

P114　横山さんの平屋

Mアトリエ 一級建築士事務所

岡村未来子

神奈川県大磯町東小磯 661-5
TEL:090-8684-2602
https://m-atelier.info

P184　三尾さんの平屋

前原香介建築設計事務所

前原香介

東京都世田谷区野沢 2-7-12-503
TEL:03-5787-8679
www.maehara-architects.com

P128　石井さんの平屋

くらし設計室

穂垣友康＋穂垣貴子

広島県福山市木之庄町 2-12-26
TEL:084-973-7202
https://kurashi-sekkei.com

P144　中山さんの平屋

小さな平屋。
自然を感じる、すこやかな暮らし

2020年 2月21日　初版第一刷発行
2022年 4月 8日　　　第六刷発行

発行者 ――――― 澤井聖一
発行所 ――――― 株式会社エクスナレッジ
〒106-0032
東京都港区六本木7-2-26
https://www.xknowledge.co.jp/
問い合わせ先 ―― 編集　TEL 03-3403-6796
FAX 03-3403-1345
info@xknowledge.co.jp
販売　TEL 03-3403-1321
FAX 03-3403-1829